運《うん》玉《だま》

誰もが持つ幸運の素

桜井識子

幻冬舎文庫

はじめに

この本を手に取っていただき、ありがとうございます。本書は2015年に発売された単行本に加筆して文庫化したものです。豊臣秀吉さんに聞いた「強運」になる方法をメインに書いています。

私が書いた本を初めてお読みになる方は「え？　豊臣秀吉さんに聞いたって、どういうこと？」と、戸惑っておられるかもしれません。不思議に思われるでしょうが、私には「見えない世界」に存在している神仏、龍などの自然霊、故人の声がはっきり聞こえます。姿も見えます。それは、ある日いきなり聞こえる・見えるようになったわけではなく、修行を重ねることで徐々にそうなりました。ここに至るまでには、かなり厳しい修行もしましたし、一生懸命努力もしてきました。その私が、農民から天下人になった秀吉さんに強運になるコツをお聞きし、その内容を書いたのが本書というわけです。

「ほ〜、それは面白そう」と思われた方がいらっしゃると思いますが、正直言って、そのやり方というのは「は？」と、読んだときに一瞬固まってしまうようなものです。

しかし、効果には目を見張るものがあります。2年近く継続してやった私は、書籍化のお話などまったくなかったところから、4冊もの本を出すことができました（4冊目が『運玉』の単行本です）。当時、「こんなに本を出せるなんて、運玉ってすごい！」と興奮していました。

それから時は流れ、現在、運玉を磨き始めて5年半になります。出版した書籍は（文庫化も含めると）本書で18冊目という、驚くような数になりました。さらにCDまで発売することができて、運玉を磨く前の私からすると、考えられないほどの強運になっています。

運玉を磨き続けることは、実は相当な根気が必要です。けれど、頑張って磨けば効果が少しずつ現れてきます。私も最初は疑っていましたが、いまは「やってよかった」としみじみ思います。手間はかかりますが費用はかからない、強運になるお手軽な方法なのです。興味を持たれた方はチャレンジしてみてください。

豊国廟《ほうこくびょう》で人知れず陰鬱《いんうつ》な日々を過ごしていた秀吉さんが、多くの人に参拝してもらえるようになって、徐々に明るさと元気を取り戻していくお話も、文庫化にあたり書き足しています。私は秀吉さんの状態が劇的に良くなったというこの一件で、非常に多くのことを学びました。そこのところをぜひ読んでいただきたいと思います。

プチ修行をやってみたいと思っている方のために、代表的ないくつかの修行に挑戦した体験も書いていますし、過去にたくさんの質問をもらってきた「運命」についても詳しくお伝えしています。

加筆部分が多いので、単行本をすでに読んでいるという方でも新鮮に読めるのではないかと思います。どの章も楽しんで、「へー」と言いながら読んでもらえたら、心からうれしく思います。

桜井識子

運玉　目次

第2章

運命を変えることはできるのか

天災に遭うのは運命とは無関係　81

悪霊を背負っている人から身を守る方法　93

第3章

幸運を引き寄せるコツ

第4章

プチ修行をやってみました

滝行　187

神域での滝行でわかったこと　198

霊山登山修行　202

第5章

比叡山延暦寺での修行体験

第6章

その後の秀吉さん

本文デザイン・DTP 美創

第1章

「運玉」の育て方

豊臣秀吉さんが持っていた強運の秘密

◉農民出身で天下を取れた特別な強運

少し前になりますが、運についていろいろと考えていた時期がありました。運とは一体、なんなのか。その運はどうやったら来てくれるのか、もらえるのか……。最初にあれこれ考えたのは、豊臣秀吉さんについてです。戦国時代、織田信長（歴史上の人物として書いているので敬称を略しています）が天下を取ると予測し、信長についた人は大勢います。

なかには戦に強い人もたくさんいて、信長のために精いっぱい、一生懸命に働いた人も少なくなかったと思います。その人たちと秀吉さんはどこが違うのか？　なにが違うのか？

信長のお気に入りは秀吉さんだけではなかったはずで、なぜ、秀吉さんだけがあそこまで出世したのか……考えれば考えるほど謎でした。秀吉さんは一体、なにを持っていたのでしょうか、なにがほかの人と違っていたのでしょうか……。

先見の明があったとか、戦がうまかった、忠誠心が強かった、プライドがなかったのが幸いした、フットワークが軽かった、人一倍働いた、頭が良かった、努力を惜しまなかった、人の心をつかむのがうまかったなど、いろいろあったと思いますが、それらを同じように持っていた人もいたであろうと思います。

やはり最終的に、秀吉さんは特別な強運を持っていたと考えるしかないのではないか、とそう思いました。農民出身で天下を取るほどの強運をどこで手に入れたのだろう、とそれがとても不思議でした。

運とは一体、なんなのだろう……。強運をゲットするには、なにか……秘訣《ひけつ》がありそうだとも思いました。

◉息子・秀頼さんにだけ伝えていた秘密の技

秀吉さんなら、そのあたりの真相を知っているかもしれないと考えた私は、直接秀吉さんから話を聞くために、2013年に秀吉さんのお墓である京都の「豊国廟」に行ってみました。秀吉さんは「豊国《とよくに》神社」に神様として祀《まつ》られていますが（このとき

豊国廟

は神社には参拝していません)、まだ神様にはなっていないようでした。

なかなか交信ができず、かなり長い時間、五輪塔の周りをぐるぐる回って待ち、しばらくしてやっと話せるようになりました。もしかしたら、秀吉さんは会話することに乗り気ではなく、だからすぐに来てくれなかったのかもしれません。

私が見た秀吉さんとおぼしき人物はとても背が低く、びっくりするくらい小柄で、痩《や》せていました。有名な肖像画とは別人のようです。

印象としては、色が黒い、と思いました。顔も小さくて、肖像画のように細長い顔ではなく、丸顔というよりもどちらかというと四角い顔です。30代後半~40代あたりの姿で出て来ていました。痩せているからなのか、日焼けのせいなのか、若いのにシワが多いです。

猿というよりも、E.T.の目が小さいバージョンだなぁ、と失礼な印象を持ちました。本当に秀吉さんなのだろうか？　とも思いました。

まず、単刀直入に、運をどうやってゲットしたのかをズバリ聞いてみました。晩年まで含めた生涯の運ではなく、農民から天下を取るまでの立身出世に関する運です。秀吉さんは運について説明をしてくれて、自分がやったというある方法を教えてくれました。私はそれを聞いて「え？　それって本当なん？」と思いました。「そんなことで農民が天下人になるほどの強運に恵まれる？」と、半信半疑どころか、1信9疑でした。半分も信じられない、というのが正直な感想でした。

この運をゲットする方法は、秀吉さんが子どものころ、集落の和尚さんに聞いたのだそうです。私には、だだっ広い田んぼや草むらばかりの田舎の風景と、そこにある小さなお寺が見えました。ほかにも一緒に聞いていた子どもは数人いたそうですが、秀吉さんだけが信じて実行した、信心も大事である、と言っていました。

この方法を秀吉さんはだれにも言わなかったそうです。病床で、息子の秀頼《ひでより》さんだけに話している姿が見えましたが、そのときの秀頼さんはまだ幼な過ぎて、理解ができなかったみたいでした。ほかにはだれひとり、一切話していないと言っていました（天下を取られてはかなわないと思ったようです）。

◉運を逃がさないために大事なこと

それとは別に、運を逃がさないようにする大事なこともいくつか教えてくれました。「人とは腹を割って付き合うことが大切で、嘘《うそ》はいかん」とのことです。この嘘は、本心を隠して嘘で塗り固める（寝返るつもりなのに忠誠を誓う）とか、裏切る、騙《だま》す、欺《あざむ》くなど多くの意味を含んでいます。そんなことをしたら、運はサッサと逃げてしまうそうです。

「与えられた場所で精いっぱい働くこと」

「人の2倍、3倍、働いて当たり前」とも言っていました。

秀吉さんは運についていろいろと話してくれましたが、妙に淡々としていて、あまり感情がないように見えました。覇気がないというか、元気がないというか、あきらめ悟った……という感じがありありと出ていました。

そんな秀吉さんに、徳川家のことや当時のことを聞く勇気はなく、この日はそのまま帰りました。元々戦国時代については、そんなに興味がないので、なにも聞かなかったことは別にいいのですが、秀吉さんが元気がない理由は聞けばよかったかな、と思いました。ちなみに、運については、まだまだ答えに手が届くところまでいかず、手探りで勉強中です……。

と、このような内容で秀吉さんのことをブログに書きました。

◉その方法で私の運は強くなったか

豊国廟に行ったのは、2013年のことです。運をゲットする方法を聞いたからといって、それをすぐさま得意げに書くことにはためらいがありました。

というのは、この方法がヒジョーーーーに疑わしかったからです（笑）。なんじゃ、そりゃ？　おまじないなの？　とツッコミそうになったくらいです。ブログにも書きましたが、半信半疑の半分も信じられず、1信9疑、本音を言えば「0・3信9・7疑」だったのです。

記事を書いた直後から「秀吉さんの運の話を教えてください」というメッセージが届いていましたが、そんな疑わしい話を軽はずみに書けるはずがなく、私が検証してある程度の確証をつかむまでは書くまいと思いました。

なぜなら、多くの神仏に、「間違ったことは書くなよ」と常々言われているからです。

「で？　運はゲットできたのですか？」というのが、皆様が知りたいところだと思います。検証した結果、私の中では運はちょっぴり強くなったと思っています。

最初に豊国廟に行ったとき、私は本も出していませんでしたし、書籍化のお話すらなく、介護の仕事をしつつブログを書いているだけでした。それが本を出してもらえることになり、1冊だけでなく、2冊目も出版し、別の出版社さんからもお声が掛かり、2015年刊行のこの本が4冊目になります。

秀吉さんのところに行って2年もたたずにここまでこられたのですから、秀吉さんのお話は嘘ではないのでは？　と思っています。運は徐々にですが強くなっているようにも思います。ですので、もうそろそろお話をしてもいいかもしれない、と考え、先日「豊国神社」と「豊国廟」に再びご挨拶に行ってきました。

※2019年4月現在、文庫化したものも含めると、本書が18冊目になります。CDを発売することもでき、効果の大きさを実感しています。

運玉を磨く

◉「秀吉さんの強運を私にください！」

まずはブログに書いていない、2013年に、最初に豊国廟を訪れたときのことをもう少し詳しく書きます。

朝の10時くらいに五輪塔がある御廟の頂上に到着して、1時間以上そこにいました。最初は気配すら感じず、当然声もまったく聞こえず、ここは本当にお墓がある場所なのだろうか？　と思いました。どうして来てくれないのか、神社があるからそっちにいるのか、忙しいのか、いろいろと考えてみましたが理由はわかりませんでした。

わざわざ京都まで来たのに無駄足だったのかな？　と落胆しつつ、それでももしかしたら聞いているかもしれないと思い、丁寧に自己紹介をして自分がここに来た理由を話しました。

するとなんとなく気配が感じられるようになったのです。秀吉さんは静かに黙ってこちらを見ているようでした。

来てくれたからには、私がこのチャンスをなんとかしさえすれば秀吉さんは話をしてくれるだろうと思い、「運」がどういうものなのか、自分なりに考えた説などを失礼がないように一生懸命にお話ししました。それでもなにも言ってくれません。

波長を合わせようと努力しながら、敬意を持って丁寧にお話をし、五輪塔の周囲をぐるぐると歩き回っていた私はだんだん疲れてきました。このままじゃ何時間いても交信してもらえない……そう思ったときです。

ふと、ここには過去何十人、何百人もの人が来たのだろうな、ということに思いが至りました。

来る人来る人がみんな、

「秀吉さんにあやかりたいです」

「運が良くなりますように」

とかなんとか手を合わせてお願いしたに違いない……となると、同じようなことを言うと、

「ハイハイ、また来たまた来た、ホンマこの手のやつ多いわ〜」

と相手にしてもらえない可能性があります。

秀吉さんの興味を引かない限り、話はしてもらえません。そこで私は、思い切り強気に出てみました。

「秀吉さんっ！　いまもまだ、その強運を持ったままでしたら、それを私にくださいっ！」

と大声で言ってみたのです。秀吉さんのかすかな気配がする方向の空に向かって、手まで差し出しました。

あたりはシーンとしていますが、秀吉さんは「おぉっ？」と思ったようです。

「もう亡くなっていらっしゃるのだから、その強運はいりませんよね？　不要ですよね？　じゃあ、私にくださいっ！」

と、出した手をさらに突き出すと、驚くことにその瞬間に秀吉さんが現れたのです。

運を「自分にくれ」などと言って、図々しく手を出すような人間はいままでいなかったのだと思われます（苦笑）。

「なんだ、コイツ？　呆《あき》れたやっちゃなー。けど、オモロイわ」と興味を引かれて出て来たようでした。いやぁ、一か八か言ってみるもんです。遠慮して低姿勢な接し方のままだったら、無視されっ放しで収穫なしで帰っていたと思います。

そこから秀吉さんは運について、いろいろと教えてくれました。

◉運玉はいつ、どこでもらえるのか

秀吉さんによると、運はもらうとかあげるとか、そういうものではないそうです。

運は「小さな玉」です。

「育てるもの」だそうです。

そのときに見せてくれた映像は、もう本当に小さな小さなビーズ玉のサイズで（お米粒の半分くらいです）、真珠のような感じの玉でした。表面がツヤツヤしています。

その「運玉」を天は、人間に平等にくれるのだそうです。それを育てていく、と言っていました。最初から大きな運をドカンともらうわけではないのです。

小さなその運玉は、心の中に錦の袋を作って、大切にそこに入れます。運玉は「もらえた！」と思ったら、それをすぐに袋に入れ、そこから大事に育てる、というわけです。

え？　待って待って、その運玉はいつどこでもらえるの？　と思われた方、わかります。私も同じように思ったので質問しました。

秀吉さんによると、織田信長などは生まれたときから持っているそうです（あの時代、城主の嫡男に生まれたことがすでにラッキーということなのでしょう）。

秀吉さん自身は、信長と繋《つな》がりができた時点で、「やった！　もらえた！」と思ったらしいです。つまり、なにかとてもラッキーなことがあると、そのときに1粒もらっている、ということです。

「私は人生にツイてなくて、ラッキーと言える出来事がひとつもないんですけど……」

と、思われた方がいらっしゃるかもしれません。

〝ラッキーな出来事〟とは、他人と比較してではなく、自分が心の底からうれしかった出来事を言います。

たとえば町内の福引きで3等が当たったとします。1等ならラッキーと言ってもいいけど3等はダメだよね、と他人が認めるかどうかの目線で考えると違います。

1等の景品である電動自転車は当たっても全然うれしくないもので、3等のマイナスイオンドライヤーは自分が以前から欲しかったものだったら、3等が出たとき、「超ラッキー」とバンザイするくらいうれしいと思います。

そうなると、たとえ3等でもこれは〝とてもラッキーな出来事〟です。

志望校に入れたとか、好きな人と結婚できたとか、子どもを授かったとか、正社員で働いているとか、健康であるとか、世間では普通とされていることも、本人が飛び上がるほどうれしかったら、それはラッキーなことなのです。人がどう思うかは関係ありません。

秀吉さんが「もらえた」と思った、信長との繋がりができたことを、現代に置き換えると、安定した大手企業に正社員で入れたという話と同じではないかと思います。一生食べていけるし、頑張れば出世も夢ではない、と。

私は山登りをするたびに、自分の足で歩いてどこにでも行けるというのはラッキーだなぁ、ありがたいなぁ、といつも思います。

そう考えていくと、子ども時代からいままでの人生には数えられないほどのラッキーが見つかります。人生を振り返って「あのときは本当にうれしかったなぁ」「超ツイてたな〜」と思うこと、それが〝ラッキーな出来事〟です。

私なんぞは50年以上も生きていますから、ラッキー♪　と思ったことが人生で何度もあります。つまり、すでに運玉は持っているのです。これを心の中で、錦の袋に入れます。錦というのは、いろんな色の糸で華麗な模様を織り出した、絹の高級な織物です。

花嫁さんの赤い打ち掛けとか、位が高いお坊さんの袈裟《けさ》とか、お雛《ひな》様の着物とか、そういった感じの生地です。この生地で作った袋に大事に入れるわけです。

◉ツイてることがあったときに撫でて感謝する

そして、育てるとは一体どうするのか……。さっぱり訳がわかりませんね。そこもばっちり突っ込んで聞きました。

なにか、ツイてるなぁ、と思うことがあったときに、運玉を袋から取り出し、

「ありがとう、ありがとう」

と言って撫《な》でてあげます。この「ツイてる」と思うことは、どんな小さなことでもいいそうです。

スーパーに行ったらたまたま値引きタイムで卵が30円安く買えたとか、連休がもらえない職場なのに特別にもらえたとか、美容院に行ったらいつもは30分待たされるのに、すぐに案内してもらえたとか、そういう〝ちょっと〟ツイていること、〝ちょっ

と〃うれしいことで十分だそうです。

運玉を撫でるのは、その場でただちにしなければいけない、というものではなく、家に帰ってからでも大丈夫です。その日の夜でもオーケーです。2〜3日たっていても構いません。袋から運玉を取り出して、お礼を言って撫で撫でします。

私はありがとうと言うときに
「あ〜、ツイてる〜、ありがとう、ありがとう」

と言っています。

時々「コンビニのくじ引きでジュースが当たった、ツイてるわぁ、ありがとう、ありがとう」と、説明付きでお礼を言います。というのは、私はジュースが好きではないので、ジュースをもらったことはうれしくないわけです。でもくじに当たったことはラッキーなのでお礼を言いたい、しかしうれしくない心で撫でると玉のほうも「はぁ？　なにに対して撫でてんの？」となりそうで、こういうときは説明付きです。

このようにして、小さなことでもいちいち感謝して袋から取り出し、お礼を言って撫でる、この繰り返しです。ちなみに撫でたあとはちゃんと袋にしまいます。

こうして大切に大切に育てていきます。

◉ラッキーな出来事を喜ぶことがもらうコツ

「運玉を持っている人は大勢いても育てる人はいない」

と秀吉さんは言っていました。

「え？　大勢？　ってことは持っていない人もいるの？」

と、ここで引っ掛かった人がいるかもしれません。天が平等に授けてくれるのなら、全員持っているはずなのでは？　と。

ここは解説が難しいのですが、もらえる受け皿を持った人というか、条件を満たした人には天は平等に授けてくれます。先ほど説明した〝ラッキーな出来事〟を認識することが重要になってくるわけです。

たとえば、徳川家康が天下を取るに違いない、この人に召し抱えられたら一生食いっぱぐれがない、と思っている人が、織田信長と繋がりができても「ラッキー」とはとらえないと思います。

家康の家来になれたらラッキーだが、信長なので別にラッキーではない……となると、この人は秀吉さんと同じ状況にいながら、運玉はもらっていません。

でも、そこで秀吉さんがこう言います。

「はぁ？　お前、なに言うてんの？　信長公は身分に関係なく取り立ててくれるねんで？　家康んとこ行ってみ？　農民出身のオレらなんか、一生ウマの糞の世話で終わってまうがな。良かったなぁ、拾《ひろ》てくれたんが信長公で。ラッキーやなぁ、オレら。頑張ってまずは足軽目指そうぜ」

するとその人はしばし沈思黙考し、

「せやな！　よー考えたら、これってラッキーやわ！　なんかめっちゃワクワクしてきたわ、オレも♪」

と本人が「ああ、これはラッキーな出来事なのだ」と認識したら、

「あ、オレ、いまなにか玉もらえたで。なに？　この玉？」となるわけです。

ですから、実はラッキーなことだらけの人生であるにもかかわらず、生まれて一回もラッキーだと思ったことがない人は、持っていないかもしれません。

「じゃあ、私も持ってないわ、ラッキーと思ったことが一度もないもの」

という人は、今日からもらえる受け皿を準備すればいいのです。

飲みに行ったら全額友達がおごってくれたとか、ドリンク自販機で「当たり」が出

て1本余分にもらえたとか、そういうときにいままでだったら「得しちゃった」程度ですませていたところを「うわぁ、ツイてるぅ！」「超ラッキー♪」「やったぁ、バンザーイ！」と喜べばオーケーです。そこでひとつもらうことができます。

自分の「運」「ツキ」という部分に意識の光を当てなければ、運が良くなる運玉をもらう受け皿は持てない、ということです。

◉運玉は徐々に大きくなり、運が強くなる

さて、こうして育てていくと運玉はどうなるのか……と言いますと、徐々に大きくなっていきます。輝きも増してきます。

あとは運を逃がさないように、24ページに書いたような、してはいけないことはしないようにします。これで運玉が育っていき、ちょっとずつですが運が強くなっていきます。

「えっ？　たったそれだけ!?　なの？」

と思われるかもしれませんが、これだけです。

「えええーっ!?　そんなの信じられなーい！」

と思われた方、わかりますわかります。私も「0・3信9・7疑」でしたから（笑）。こんなおまじないみたいなことで、そんな強運が来るはずがない、と疑って当然です。私なんか、心の中が見えているであろう秀吉さんの前なのに「子ども騙し」という言葉さえ思い浮かんだくらいです。

このような話を、いくら秀吉さんから聞いたからといって、おいそれとは書けない、と思ったそのときの私の気持ち、わかっていただけましたでしょうか。

しかし、〝運〟というものは、手に取って見られるものではなく、見えない世界のものです。見えない世界のものは、〝見えない世界にいる人〟が言うことを信じることから始まるのではないだろうか、と私は思いました。

それに、レクチャーしてくれているのは、〝あの〟豊臣秀吉さんなのです。実際にやった、と言っている人です。「やってみる価値はあるかな」と思いました。

◉運玉に願を掛けてはいけない

秀吉さんが言うには、運玉は成長してスイカくらいになる、とのことでした。大きくなるにつれて袋も替えていくのだそうです。

そして、ここで最も気をつけるべきことは、この運玉に〝願を掛けてはいけない〟というルールです。ここ、重要らしいです。ただただ起こったラッキーに感謝するのみ、これだけです。これはうっかりしていると、

「あ〜、ツイてるぅ、ありがとう、ありがとう、このツキがもっと続きますように」

と願を掛けそうになります。

実際、私も何回か言いそうになって、

「このツキがもっと……おーっとっと、ありがたい、ありがたい」

と誤魔化《ごまか》しました。うっかりしていると、つい願を掛けてしまいますので、注意が必要です。

この日、秀吉さんにお礼を言って帰ろうとしたら、秀吉さんは自分が使用していた運玉袋を私にくれました。それは織田信長に仕え始めたときに運玉を入れていた袋だそうです。

赤の生地に金糸銀糸で模様を織り出し、心の中の袋だというのに、丁寧に裏地まで付けていました。そして、何回も出し入れしたからか、しばらく使ったからか、結構くたくたになっていました。年季が入ってるなぁ、と思いました。

◉悪いことが起こらなくなるわけではない

私は早速、もらった袋に自分の小さな小さなビーズ大の運玉を入れました。その日からラッキーだと思ったときは、せっせと取り出して、感謝して撫で撫でしました。やってみようと決めたときから疑う気持ちは一切捨てて、信じきってやりました。

すると、徐々に「ラッキーだと思うこと」が多く起こるようになり、その内容もちょっとずつ大きくなっていきました。

先にお断りしておきますが、これは運が育って少しずつ強運になる方法です。やったからといって、「人生がラッキーだらけ」「悪いことは起こりません」というものではありません。

ラッキーが起こるときは、その内容が前よりもちょっとずつ大きくなる、つまり運がちょっとずつ強くなる、のですが、悲しい出来事や嫌な出来事も当然、これまで通り起こります。

うわぁ、ツイてないわ〜！　と落ち込むことも泣きたくなることも、それまでと同様に起こるのです。

運玉は「ラッキーだけに作用」します。ネガティブなことを消し去るのではありませんから、そこはお間違いのございませんように。

◉一番難しいのは「覚えておく」ということ

さて、この運玉ですが、たしかに徐々に大きくなっていきます。それは自分の心の中で細工などしなくても、自然と大きくなっていきます。

「え？　心の中のイメージなのに？　言ってる意味がわかりません」と思われるでしょうが、実際に育ててみるとわかります。

私も秀吉さんに、

「小さな玉がスイカの大きさにまでなる」と言われて、

「は？　意味がわかりません」と思いました。

でも、いまは結構大きいです。それから、色も時々変わります。私の運玉は、2014年の夏は薄いピンク色でしたが、冬には上部だけが薄い藍色で真珠みたいな色をしていました。秀吉さんにもらった袋が合わない大きさになったので、袋を替えたりもしました。

そして、運玉育ての一番難しい部分は……「覚えておく」ということです。

これ、意外と忘れるんですよ〜。

最初は物珍しさとワクワク感から、せっせとラッキーを見つけて感謝をします。撫で撫でしまくります。ですが、それも半年くらいでしょうか。ふと気づくと、

「あっ！　1ヶ月間放置していた」とか、

「2ヶ月も忘れていたー、やばー！　撫で撫でしなきゃ！」

と慌てて感謝したり、とそういう頻度になってきます。

先日、豊国廟に行ったときは、

「すみません、3ヶ月以上すっぽり記憶から抜けていました」という状態でした。続けるのは結構、根気がいります。その点でも秀吉さんはすごいです。

これは、いままで言うおまじないみたいなもの、迷信のようなものなのかもしれませんが、私は自分で実践してみて「効果がある」と思いました。

考えてみたら、秀吉さんがわざわざこんな込み入った嘘をつくはずがなく、運は育てるものである、というのは真理のような気がします。この時代の武将は信心深い人

が多くて、いろんなおまじないや呪術なども真剣にやっていたようです。死と隣り合わせの戦が日常にあるので、見えない世界に心が開いていた人が多かったのかもしれません。

秀吉さんも非常に信心深い人だったようですから、当然、神仏のご加護もあったと思います。そっちの影響のほうが大きいんじゃないのかな？　とチラッと思いましたが、ま、やってみて損はないかと思いました。

同じような感想を持たれた方はチャレンジしてみてはいかがでしょうか。もしも効果がなかった場合の苦情は、私ではなく秀吉さんのところにお願いします（笑）。

運玉についての疑問にお答えします

◉もらえるのは誰でも1個だけ

ここからは運玉の育て方の補足です。より深く理解をしていただくために文庫化にあたり加筆しました。

『運玉』の単行本の発売前に、叔母とその娘である従妹《いとこ》に運玉の話をしました。本になる前ですから口頭での説明です。叔母も従妹も、聞いたときは「ふーん」と、テンション低めの反応でした。

下を向いて、私と目も合わさずに返事をしていたところをみると、半信半疑……どころか、1信9疑だったのだと思います。それはまさに、私が秀吉さんに、初めて運玉の話を聞いたときと同じ反応です。「それって子ども騙し？　ただのおまじない？ホンマなん？」という雰囲気で、ま、仕方ないか、と思いました。

その後、ちょっとした不思議な出来事があり、それで私が言うことを信じる気にな

ったようで、翌日、従妹と話をしていたとき、

「あ！　そうだ！　運玉を撫でなきゃ！」と従妹が突然、運玉を撫で始めました。

その撫でる仕草を見て、ビックリです。運玉育て初日なのに、彼女の運玉がえらくでかいのです。

「え？　ちょっとちょっと、K子、なんでそんなに運玉がでかいん？」

と聞きました。私はちゃんと〝ビーズ玉の大きさ〟と教えたのです。しかし、目の前で彼女が撫でているのは〝グレープフルーツ大〟なのです。

私の運玉ですら、2年かかって、それよりもちょっとだけ大きいくらいなのに、初日からその大きさはなぜ？　と思いました。するとK子は、

「だって、私、運がいいから。人生でラッキーなことがいっぱいあったもん」

と言います。ふむふむ、そこを自覚していることはいいことだね、それで？

「だからね、私、運玉をいっぱい持ってると思う！」

え？

「その全部の運玉をひとつにまとめたら、この大きさになるよ！」

は？

お団子というか粘土みたいに、まとめたってわけね、まとめてひとつの大玉に……。そうか、そうきたか……と思いました。言いたいことはわかります、非常によくわかる、理解できるのですが、根本的な部分が違っています。

もらえる運玉は1個です。人生で、「うわぁ！　超ラッキー！　バンザーイ！」と思った出来事のときにひとつもらえたら、それを生涯、持ち続けるのです。次にラッキーなことが起こったら、そのラッキーに対して撫でて、その行為を積み重ねていく感じです。新たにもう1個もらうのではありません。

ですから従妹の場合、撫でまくれるチャンスがたくさんあった、ということで、何個も持っているということにはならないのです。

では、最初からグレープフルーツ大で育て始めてはいけないのか？　と言いますと、天にもらったものがビーズ大である以上、それよりも大きく一生懸命に撫でても、本体まで距離があって、届かないように思います。もしも届いていたとしても、その距離分、ありがとうパワーが弱まるようで、非常にもったいないやり方だと言えます。

チャレンジする方は、天がくれるのは小さい玉であり、それを〝育てる〟と言った秀吉さんの言葉をそのまま実行したほうがいいと思います。

読者さんにいただいたメッセージには、

「運玉は3つくらいかな？　と思っていました」

「オレ、運玉は二合くらいあるな〜、袋にザザーッて入るわ〜」

と、それは楽しそうだな、と思うことが書かれていましたが、持っているのは1個です。

◉目を閉じて、実際に手を動かして撫でる

撫で方の説明をしますと、運玉は心の中にありますが、撫でるときは実際に手でよしよしと撫でる仕草をします。私は片手ではなく、両手でしています。撫で方に決まりはありませんので、自由に撫でて大丈夫です。ちなみに私は、上の部分を円を描くように撫でて、その後、上から下へと玉全体を、撫で撫でしまくっています。

この撫で方は、みかん大くらいになったらできます。最初はビーズ大、お米粒の半分くらいの大きさですから、手のひらで撫でるのは難しく、指先で撫でる感じになります。せっせとこまめに感謝をして、頑張って育てて、一刻も早くみかん大にすると撫でやすくなります。

撫でるときは目を開けてするよりも、目を閉じてするほうがやりやすく、感謝が届きやすいことも付け加えておきます。

◉いつもらえたかの特定は必要ない

単行本の発売後に届いたメッセージでは、自分は運玉を果たしてもらえているのだろうか、と悩まれている方が多かったです。そこでたとえ話をちょっと書いてみようと思います。

私は2歳のころ、坂道に家が建っているような場所で、上の家の庭先、高さ3メートルの所から真っ逆さまに落下したことがあります。下がコンクリートで、母は真っ青になったそうですが、幸い、側溝にすっぽりはまりました。その溝には落ち葉がたくさん積もっていて、それがクッションとなり、かすり傷ひとつ負わなかったそうです。

まだ自覚できない年齢でしたが、ツイています。ラッキーです（というか、私の母、なんで2歳の子から目を離すねん、と思いました。笑）。

「あのとき、もらえたのかな？　もらえてないのかな？」と悩みます。

次は4歳です。ベッドの上で弟と一緒にぴょんぴょん飛び跳ねていて、その勢いでストーブに頭から突っ込みました。母は大慌てで水で冷やし、そのまま病院に駆け込んだそうです。頭に包帯を巻いて、ニヒヒと笑っているセピア色の写真が残っています。

頭の一部分にハゲが残っていますが、自分では見えないし、幸い女なので短髪にしないため人にはわかりません。顔からストーブに突っ込まなかったことはツイています。ラッキーです。

「あのとき、もらえたのかな？　もらえてないのかな？」と、まだ悩んでいます。

7歳では海で溺死寸前までいきました。ギリギリのところで神様の声を聞いて助かりました。

「あのとき、もらえたのかな？　もらえてないのかな？」と、まだそれでも本人は判断がつきません。しかし、ハタから見ると、その3つの出来事のどれかで絶対もらってるよ〜、と思うのではないでしょうか。というか、毎回もらえるのなら、3つもらえてるよ、とアドバイスすると思います。

悩まれている方は、こんな感じだと思います。これは感覚の問題ですから、自分が

「もらえてる」と思うのなら、もらえているのです。

子どものころ、クリスマスの朝に目が覚めて、枕元にお菓子の入ったブーツがあったとき、飛び上がるほどうれしかったと思います。ワーイ！　サンタさんありがとう！　と、とってもウキウキしたあの気持ちは、大人のいまの気持ちに変換すると「ツイてる〜、超ラッキー」なのではないかと思います。

ですので、ここでもらえているわけです。

なにかでクラスの代表になって、鼻高々で超うれしかったとか、とってもお腹《なか》がすいた日の給食が大好きなカレーで「うわぁ、サイコー！　めっちゃツイてるぅー！」とガッツポーズをしたとか、そういうことでももらえているはずです。

読者の方が書いておられましたが、ガリガリ君の当たりが出るレベルでも、本人が「超ラッキー♪」と思えば、天から運玉をもらえていると理解しました、とありました。

そうです、そういうことなのです。自分の「ツキ」や「運」という部分に意識の光を当てることが大事なのです。そしてその場合、心から「やったー！　きゃー！　うれしいー！」と思えば、もらえています。

大事なのは、どの出来事でもらえたのか、の特定は必要ではないということです。

秀吉さんに聞いたとき、「私なんか、ラッキーなことがいっぱいあったもんね、もう持ってるはずだよね」と、私はその場で思いました。あの出来事かな？　この出来事かな？　と具体的に、真面目にキッチリと考えてはいないのです。このあたりは性格によるかもしれませんね。

◉もらえていなくても、これからもらえばオーケー

これらの例を読んでも、「う〜ん、自分はもらえてないと思うんですけど〜」と思われた方は、では、これからもらいましょう！　とご提案をしたいです。そのためには、ネガティブな考え方は捨てて、ポジティブ思考オンリーにしたほうがいいと思います。

ここで、最適と言えるモデルがいますので、ご紹介します。私の元夫です。初めて私の本を読む方は、元夫がいきなり登場して「？」となっていることと思います。2度目に結婚した元夫とは婚姻は解消しましたが、人生のパートナーとしていまでも仲良くしています。キャラが面白いので、時々ブログや書籍にも登場しています。

先日、いただきものの加賀藩御《ご》用達《ようたし》の和菓子が我が家にありました。植物油を使用

していないので、小腸の難病を持っている元夫でも食べられます。生姜《しょうが》ゼリーを食べていた元夫は、食べているあいだずっと、

「これ、むちゃくちゃうまいな！」

「人生で一番うまいゼリーや！」

「幸せやな〜、オレ！」と叫びまくっていました。

横で食べていた私は、「興奮してるから声がでかいわぁ、ああ、うるさい、黙って食べてもらえないかしら」と心の中で思ってしまったくらいです。

その後、くずきりを食べたときは、こっちを向いて、

「えへへへ」

と笑うので、「???」と思ったら、

「汁まで飲んだった♪」

と、黒蜜を最後まで飲みほした器を見せてくれました。

し、汁って……と絶句しましたが、

「オレ、頑張ってるから神様がプレゼントしてくれたんやな〜、神様、ありがとう！」

と天に向かってお礼を、これまたでかい声で言っている元夫を見て、ポジティブの

見本のようだなと思いました。

もしも、元夫が運玉を持っていなかったとしたら、この一件で絶対にもらえていると思います。

オークションで安く買えたと喜んでいることも多く、私からするとオークション、つまり中古品なので、安く買えるのは当たり前なのでは？　と思うのですが、これらのことも、オレってツイてる～、ラッキー♪　ととらえていて、このようなポジティブな部分を持つことが大切です。こうして、些細《ささい》なラッキーを「超超超ラッキー♪」に格上げして、運玉をゲットすればいいのです。

そして、もらったのはどの出来事なのか、をキッチリ考えなくても、過去にラッキーがいくつもあったら「どこかでもらってるよね」と思って構わないのです。

◉袋は〝イメージで〟作る

「錦の袋がわかりません」という質問も届きました。

ネットの画像検索で、「錦　織物」とか「打ち掛け」などを入力するとずら～っと画像が出てきます。昔の豪華絢爛《けんらん》な織物の生地です。この生地を使って、〝イメージで〟袋を作ります。

袋の形は決まっていませんが、秀吉さんが私にくれたのは、シンプルな四角形でした。布を2枚合わせて、3辺を縫った、ただそれだけの小さな袋です。秀吉さんはその内側に、丁寧に紫色の裏地を付けていました。

玉が大きくなってくると、大きさに合わせて袋を替えますが、そろそろ袋を新品に替えてあげようかな、という感じで、大きくならなくても新しくするといいです。

「袋からの出し入れも、心の中ではなく実際にやるのですか?」という質問もありました。

私は目をつぶって、ジェスチャーで袋から出して、撫でて、ジェスチャーで袋にしまうことが多いです。たまに心の中でするときもあります。こちらも決まりはありませんので、ご自分がやりやすい方法でいいと思います。

◉最初から大きいものや色つきのものはあるのか

「すでに色がついているのですが」

「色は自分でイメージして変えるのですか?」

という色に関する質問も多かったです。最初から色がついている場合もあるかもしれませんが、その理由は私ではちょっとわからないです。このような玉である、と私が見せてもらったものは、真珠っぽい色でした。天からいただく玉はツヤツヤした白なのですが、なんらかの事情ですでに育っているのかもしれません。

色の変化は、私の場合、せっせと白い真珠色の玉を撫でていて、ある日、袋から出すとピンク色になっていました。へー、色って変わるのね〜、と思いました。

特別に意識はしていないです。自分で変えてもいませんし、色が変わったように思おうとしたこともないです。

「すでに大きいんですけど」と言う方、不思議ですね、こちらの原因もちょっとわからないです。私は秀吉さんに見せられた大きさから始めました。秀吉さんが天からもらったものもビーズ玉の大きさで、教えた和尚さんが言ったのも、その大きさです。

ですから、天からもらえるのはお米粒の半分程度なのだと思います。天は平等ですから、人によって大きさを変えて与えることはしないと思われます。ですので、どう見ても大きい、というのであれば、すでになんらかの事情で、知らず知らずのうちに育てていたという可能性があります。

大きいところから育ててもいいのかもしれませんが、従妹の話のところで書いたように、天にもらったものがビーズ大である以上、それよりも大きく一生懸命に撫でても、本体まで距離があって、届かないかもしれません。

もしも届いたとしても、その距離分、ありがとうパワーが弱まるようで、非常にもったいないやり方になることも考えられます。

でも、もしかしたら、知らないうちに育っているかもしれないので、大きいままで1年以上やってみて、わずかでも強運にならなければ、改めてビーズ玉からやり直すことをお勧め致します。

◉大きくなる速さはどれぐらい？

「どんどん大きくなるそうですが、自分の想像で勝手にイメージしたらいいのでしょうか？」

私は、意識の中では「いつも同じ大きさ」で、撫でていました。つまり自分のイメージで大きくしていないのです。でも、それが徐々に大きくなっていきます。

私も、どうやったら大きくなるんだろう？　と意味がわからないまま始めました。半年くらいすると、こういうことか〜、とわかってきます。大きくするのは私たち人間のイメージではなく、玉が勝手に大きくなります。

ですから、どうやって大きくするのかは考えなくても大丈夫というわけです。自分のイメージで細工をして大きくしてしまうのはちょっと違う、ということになってしまいます。

「運玉が大きくなる速さとかはありますか？　人によりまちまちなのでしょうか？」

私はビーズ玉から始めて、2年弱でグレープフルーツ大になりました。秀吉さんが「スイカの大きさにまでなる」と言ったところから考えると、秀吉さんの玉はスイカ大だと思われます。

秀吉さんはもらったと思ったときから、長浜城主になるまでが約20年、天下人になるまでに約35年かかっています。いつスイカ大になったのか、がわかりませんので、なんとも言えませんが、私自身の玉の速度から考えて、10年くらいかかってスイカ大になり、あとはそのままの大きさだったのでは？　と思っています。

◉〝自分の運玉はコレ！〟としっかり意識する

「本物の運玉と、自分のイメージで作り出した運玉の区別がつきません」
「自分がイメージで作り出した運玉は毎回違った大きさなどで浮かんできます」
しっかりと意識に埋め込んだほうがいいと思います。〝自分の運玉はコレである！〟と。毎回、違うイメージで撫でるというのは育てていることにはならないからです。

重ねて言いますが、運玉は1個です。白い真珠のような小さな粒です。私はもらえてるはず、と思ったら、もらえていますので、まず1個だけ、いま言った通りのものをイメージします。

次に袋をイメージで作ったら、そこに入れて、その大きさは覚えておきます。取り出して撫でるとき、覚えておいた前回のイメージ、そのままを思い出します。前回の記憶をしっかり持って育てていると、ちゃんと毎回、同じ大きさの運玉を撫でることができます。

そうしているうちに気づいたら大きくなっていて、それが育っているということです。

見えない世界の話ですから、考えようによっては難しいかもしれません。とりあえず私のように秀吉さんに言われるままでやってみてはいかがでしょうか。

私は思考が論理的ではありませんので、深く考えることなく、ま、こんな感じ？と、大雑把《おおざっぱ》なイメージで始めました。どうやって大きくするのだろうとか、これでいいのだろうかとか、一切考えていないです。

色も自然に変わりましたし、自然に大きくなりました。大事なのは、どうやって大きくしよう、というところではないように思います。秀吉さんが66ページでポロッと言ったように、育てるコツ（24ページ）を守るほうが重要かもしれません。

真面目な性格の方は、ちゃんと全部知っておきたいと思われるのだと思いますが、「これが自分の運の玉である！」としっかり認識さえしていれば、袋が違っていたり、撫で方が違っていたりしても、少々のことは大丈夫です。

豊国廟で秀吉さんに再会

◉歴史的遺産の残る豊国神社と方広寺

ここまででご紹介してきた、運玉を育てる方法を本に書こうと思った私は、秀吉さんに許可をもらいに再び豊国廟を訪れました。2015年のことです。

この日は先に豊国神社を参拝しました。

門と柵で隔てられている本殿には近づけないため、本殿の真ん前で手を合わせることができません。中に入れないのかな？　とキョロキョロすると、右手に奥へ入れるところがありました。「宝物館」と書かれています。宝物館を拝観すれば中に入れるのかなと思った私は、チケットを購入して宝物館へと行ってみました。

ここには秀吉さん直筆の書などが展示されていますが、すごく暗かったです。

暗くてよく見えなかったりしたのですが、秀吉さん愛用の木彫りの貘《ばく》の枕なんかもありました。貘はご存じ、悪夢を食べる想像上の動物で、当時は縁起物として扱われていたそうです。

「やっぱりこういうおまじない的なものは、とりあえず全部信じて実践していたのだな〜」と思いました。

直筆の書は感慨深いし、なんと秀吉さんの歯もあったりして、なかなか興味深い宝物館です。しかし、宝物館も本殿の柵の外になっているため、やっぱり本殿のそばには行けませんでした。

この神社は土地がいいです。爽やかだな〜という印象を受けました。昔は方広寺《ほうこうじ》の大仏殿があったそうで、当時のお坊さんの力でしょうか、いい「気」が残っています。立派な門は国宝で豪華絢爛、とても美しいです。しかし、ここに秀吉さんの気配はありません。祀られているのになんでだろう？　と疑問に思いましたが、なにをどうやってもここで秀吉さんと交信はできませんでした。呼んでも来ないのです。

仕方なく、隣の方広寺へ行ってみました。

方広寺には、大坂の陣のきっかけとなった梵鐘《ぼんしょう》があります。鐘の銘文の一部、「国家安康」「君臣豊楽」が徳川家康及び徳川家を冒瀆《ぼうとく》するものであるとされ、それがもとで大坂城は攻められて、結果的に豊臣家は滅亡しました。

写真などで見たことはあったのですが、実際に銘文を自分の目で見ると、

「ち、小さっ！」と驚きます。

「なに？　この小ささ？」とも思いました。

現在は、わかりやすいように白くなぞってあるのですが、カメラをズームしなければ、文字が「国家安康」とはわかりません。

こんなに小さな部分にギャーギャー文句をつけるなんて、徳川家康って逆にすごい！　と思いました。イチャモンだとミエミエだからです。ミエミエでも構うもんか、ワシそういうの平気やし！　とそれを理由にするところが、なんというか、タヌキと呼ばれるゆえんでしょうか、普通の人にはできない気がします。

方広寺の本堂は横長の建物で、ガラス越しに仏様と大きな龍の絵を拝めるようになっていました。お賽銭箱《さいせんばこ》が縁側の床に作ってあって、珍しいです。私が訪れたときは、お寺の人がいなくて、最澄《さいちょう》さんが彫ったという大黒様は見ることができず、それがちょっと残念でした。

まさか豊国神社で秀吉さんと会えないとは思っていなかったので、それから慌てて豊国廟へと急ぎました。前回みたいになかなか現れてくれなかったら、日が暮れてし

まうからです。

◉豊国廟で待っていてくれた秀吉さん

豊国廟は入口を入ると、長い長い石段があります。石段の上にはちょっとしたスペースと中門があって、そこからさらに長い石段が上へと続きます。

入口を入ったところで石段を見上げると、上のほうにふたり、人が腰かけていました。私が入口付近の写真撮影をしていたら、そのふたりは上へと登っていきました。

「あー、その速度で歩いていたら、頂上の五輪塔のところで私とかち合うなぁ」と少し困ったような気持ちになりました。というのは、私の場合、人がいると集中しづらいからです（神様ではない秀吉さんの波動は強くないので、特別に集中しなくてはなりません）。話を全部聞くには相当時間がかかるだろうことを、「ここで覚悟しました。

最初の石段をゼーゼーヒーヒー言いつつ登り、中門があるスペースに到着します。中門をくぐると、高齢の男性が座って休憩をしていました。

「あれ？」と思ったら、上から娘さんらしき女性がタッタッタッタッと降りてきます。

「石碑があるだけや」とその女性は言い、

「ほんなら行かんでええか?」と男性が聞きました。

「ただの石碑やで」という女性のダメ押しの言葉で男性は頂上まで登るのをやめ、ふたりはそのまま降りて行きました。

「おぉ〜、ラッキー。秀吉さん、ありがとうございます」と、秀吉さんが私だけの空間を作ってくれたことに、お礼を言いました。

そこからまた急な石段を登るわけですが、途中に「この高度のところだけエネルギーが違う」という場所があります。上下幅は2メートルくらいでしょうか、明らかに違うのです。秀吉さんが埋葬されたのは、この高度の部分なのかな、と思いましたが詳細はわかりません。

五輪塔に到着して、とりあえず写真と動画を撮らねば! と張り切って撮影を開始しました。廟の中にも入れるようになっているので、入って撮影もしました。

こうして長々と撮影をしていたら「まだか?」と、向こうから声を掛けてきたのでビックリです。

「遠くてここまで来られない人もいますから、その方々に雰囲気だけでも知ってもらいたいんです。ちょっと待ってください」と言うと、秀吉さんは黙っていました。

アゲハチョウがたくさん寄って来ます。どうやら、秀吉さんは寂しいようでだれかと話をしたいみたいでした。しかしだれとでも話をするというわけにはいきません。前回の訪問で私のことを知っているので、こやつとなら話をしてもいい、という感じなのだと思います。

◉秀吉さんが人生について悔やんでいること

まず、私から運玉の報告をしました。運玉が育つにつれて運が強くなってきたことをお話し、秀吉さんの言う通りでした、とお礼を述べ、秀吉さんにもらった錦の袋はサイズが合わなくなったのでここでお返ししました。

桜井識子という名前で本を出すことができたことも報告しました。

「運玉の話を次の本に書くので、もしかしたら錦の袋を貸してほしいという人が来るかもしれません」と言うと、秀吉さんが、運玉のことを人に教えると、運が強い人が多く出てくるが、それはいいのか？　と私に聞きます。

戦国の世であれば、自分以外に運の強い人が出てくると困ったことになると思います。それは死活問題だからです。天下人になりたかった秀吉さんは、自分以外に強運の人が出てきたら、その人に滅ぼされてしまうかもしれず、そこは是が非でも阻止したい考えだったのだろうと思います。

でも、現代は戦国の世ではないし、自分だけが秘法をひとり占めしてだれにも教えない、自分さえ良ければいい、というのは人間的にどうかと思うので、

「運が強い人が多く出てもいいです」

と答えると、秀吉さんは

「へぇ〜!」と驚いた雰囲気になり(お前は太っ腹だのー、と思ったようです)、「ま、育てるコツもあることだし」みたいなことをボソッと言っていました(そのコツは前項に書いています)。

なんというか、みんなが強運になることを、もろ手を挙げて大賛成という感じではありませんでした。多分、自分が気に入った人だけに実践してもらいたいのだと思います。

前回、聞きそびれた徳川家のことについても聞いてみました。

恨みはないそうです。滅ぼされたことについても、仕方がない、と非常にあっさりしていました。当時はそういう時代であった、とのことです。

秀吉さんも多くの家を滅ぼしてきたと言います。それは自分がしてきたことでもあり、だからされても仕方がないのだ、と悟りを開いたような口調で静かに話していました。

当時の武将は、みんなそういう潔い考えだったのかもしれません。豊臣家が滅ぼされた件については、怒りもなにもないようでさっぱりとしていました。

「秀吉さんは自分の人生に悔いなし、ですか?」

と聞くと、ちょっと間があって、

「慢心したことを悔いている」と言います。

「それで醜態《しゅうたい》もさらした」と付け加えます。

豊臣家を安泰に維持させ未来にまで残そう、天下一の家柄のまま持続させようと考えたことも、慢心からだと言っていました。

農民が天皇家のように上(のクラスという意味だと思います)にいて続くはずがない、慢心せずにちゃんと考えていれば打つ手はあった、とのことです。かわいそうなことをした、とも言っていました(息子の秀頼さんにでしょう)。

秀吉さんは天下を取ったのち、豪華な服を着ていたようですが、廟では粗末な服装のころが一番良かったと言っていました。楽しいというか、元気というか、純粋に張り切って生きていたからだと思われます。

◉実は天下を取る運命ではなかった

私はその後、廟の後方や横のほうにある空き地をぶらぶらと探検しつつ、深い考えからではなく、なにげに秀吉さんに世間話のような感じで聞いてみました。

「秀吉さんって、生まれる前に天下を取る計画をしてきたのですか？」

「そうだ」という答えが返ってくる、と微塵《みじん》も疑わない質問でした。

それが予想に反して「違う」と言うのです。

「ええぇーっ！」と思わず、大声で叫んで立ち止まりました。

そ、それは一体、どういうことなのか……。

秀吉さんはこう言います。

「信長公は本当はもっと生きる運命であった。寿命はもっと先だった」

「えええーっ!?」

「殺されたのは運命ではない」

あ、そうか、殺人だものね、それは運命じゃないよね、とそこは私も納得がいきます。

「信長公が殺されたので、歴史とワシらの運命も変わった」

「へぇぇーっ！」

日本は統一される、という国としての運命は決まっていたようです。しかし、織田信長が運命にない早死にをしてしまいます。そこで信長の周りにいた個人の運命も少しずつ変わったそうです。信長に仕えていた武将、ほかの戦国武将、もちろん明智光秀もそうですし、秀吉さんの運命も大きく変わって、それで天下人になれた、ということでした。

そのときに力になってくれるのが、神仏である、とここはハッキリ言っていました。どの神仏になにをどう願うのか、それまでにどう信心しておくのか、そういうことが大事だそうです。秀吉さんもそうですが、当時の戦国武将は「自分専用の」神様仏様を多くお祀りしていたそうです。

「人の人生は図らずも、そのようにして変わることがあり、変化するものである、だからこそ日頃から信心しておくことが肝要なのだ」と教えてくれました。そうか、そのようにして運命が変わることもあるのか、なるほど〜、と勉強になりました。

自分が持つ夢・計画の種類で神仏に全面的に応援してもらい、それによって運命を変えてもらう、という方法もありますが、秀吉さんのように、大きな事を成す予定の人が殺されたら、別のだれかがそれを成さねばならない、ということで運命が書き換えられる場合もあるわけです。想像もつかなかった話で、とても興味深かったです。

◉秀吉さんに覇気がない理由

それにしても、秀吉さんはなんとなく覇気がありません。2013年に会ったときもそう感じましたが、元気がないのです。

理由を聞くと「取り残されている」と言います。神様にもなれないし、仏の道にも進めない、中途半端な次元の空間に取り残されているからだ、と言うのです。

秀吉さんは死後、とある神様になるよう用意周到に準備していたのに、違う神様として祀られてしまいます。それだけではなく、徳川幕府の世になって神社は取り壊されてしまいます。そして壊されたまま明治時代になるまで放置されるのです。

違う方法で祀られ、さらに神社まで壊されて、秀吉さんは神様になれず、神様になる修行すらできず、かといって普通の人みたいに仏の道も歩めません。

仏の道に進めないのは、神様になる準備段階で、特定の神様になるよう術を掛けられているからです。現代の人ではこの術を解ける人はいないのだそうです。

神様になる修行ができない、仏の道も歩めない、どこにも進めず中途半端な存在のままである、ということでした。でも、幽霊ではありません。ただ、300年ものあいだ、放置されたせいで力も低下しています。

それは困った状況ですね……と、廟の正面の段に腰をかけて、頬杖《ほおづえ》をついて考えていたら、秀吉さんも隣に腰かけて同じポーズをとっていました。そこでふたりで話をし、私は廟をあとにしました。

帰りは長い石段の手前まで見送ってくれました。秀吉さんは私よりも背が低く、本当に小柄だったんだ〜、と思いました。人間的にとても魅力のある人物で、私は秀吉さんが大好きです。

第2章

運命を変えることはできるのか

人生の設計図は自分が書いている

◉地上に生まれ出る前に人生を計画

運命とはなにか……と考えたとき、その言葉のイメージから、

「天が決めた人生」

「生まれたときに与えられた人生」

と思っている人が多いのではないかと思います。

使命も寿命もつらいことも、すべては天によって決定されている、そういうふうに心のどこかで無意識にとらえているのではないでしょうか。だから占いなどでその運命を少しでも知りたい、それによってうまく生きていきたい……という気持ちになるのではないかと思います。〝運命〟という言葉の響きでそう錯覚してしまうわけで、実際はそうではありません。

人間に命を与えてくれる〝絶対神〟は愛そのものの存在ですので、私たち人間に喜

びとして、恵みとして、生を与えてくれます。命をくれる、それだけです。そこから先、ああだこうだと指図やおせっかいはしません。

どういうことかと言いますと、生を与えるときに、魂が成長するように試練も与えておこうとか、本人のために苦難も与えようとか、そういうおせっかいはしないのです。さあ、地上へ降りて、楽しいこともつらいことも経験し、思い切り人生を謳歌《おうか》して、たくさんの感動を持って帰って来なさい、とただそれだけなのです。

地上に生まれ出ることが決まって、どんな人生を歩むことにするのか……その計画を練るのは〝自分〟です。寿命も性別も生きていく方向も、全部自分が選択しています。しかしその精密さは人によります。

映画の脚本のように次はこうなって、その次はこうなる、と細部まで決めて来る人もいれば、この年齢のあたりでこの出来事と遭遇しよう、と大まかなことだけを決めて来る人、まったく白紙の状態で自由に人生を作る計画で来ている人もいます。

◉目的に合わせて容姿も環境も選んでいる

では、その決め方とは一体どのようなものなのでしょうか。

私は幕末で一介のしがない勤皇《きんのう》の志士でしたが志半ばで死んだため、次回もお国のために頑張りたいと思い、男に生まれました。その人生を生きているときに、自分の人生のテーマに沿っていると思える特攻隊という制度ができて、それに志願して人生を終えました。

政治家になって世の中を変えようとか、音楽家になってたくさんの人を癒そうとか、プロスポーツ選手になって多くの人にエンターテインメントを提供しようとか、どういう方向で生きていくか、それをまず自分で決めます。

前回は王族で窮屈だったから、今回は伸び伸びとした一般人を体験する人生にしようという場合もあるでしょうし、前回キリスト教の宣教師をやったから、今回はお坊さんになって仏教をやってみよう、というのもあると思います。

過去世で短命の人生が続いていたら、老人の体験もしてみたいということで、長生きすることを選んだりします。なかには、今世で輪廻《りんね》は終わりという人もいて、長く生きて余分なカルマを作らないよう早世しようという計画もあります。

どこの国に生まれるかも選べますので、近代文明に染まっていない民族に生まれて自然とともに生きてみたり、文化遺産だらけのヨーロッパで遺跡の修復に人生を捧《ささ》げてみたり、男尊女卑がひどいところで女性の人権のために戦ったりと、人生の目的はそれこそ星の数ほどあります。

そして、このように自分が決めた人生の目的によって、達成しやすいようあらゆることを自分で選び、調整をします。美人かブサイクかという容姿も、頭脳明晰《めいせき》かそうでないかという機能的なことも、お金持ちか貧乏かという環境も、すべて自分が選択しています。

「ちょっと待って、識子さん、そこ納得いかないわ〜」と思われる人がいるかもしれません。そのお気持ちはよくわかります。だって私も、とびきりの美人で生まれて来たかったな〜、と思うからです。

しかし、目も覚めるような超美人に生まれてしまったら、どこぞの大富豪の御曹司に見初められて玉の輿《こし》に乗り、人生が全然違う方向に流れていたかもしれません。

出会うべき人と「人生のここで出会いましょう」と約束をしているのに、美人に生まれたばっかりに女優になってしまい、一般人であるソウルメイトと出会えなくなったら困ります。玉の輿に乗る、大女優になるという、そういう人生を今回は選択しないのですから、道がそれてしまう可能性がある容貌は選ばないわけです。

◉美人で頭が良くてお金持ち、に生まれなかったのはなぜ？

美人もしくはハンサムであり、さらに頭も良くて、かつ、お金持ちという設定を、人はどうして毎回しないのでしょう？

「そのほうが断然、幸せで楽しい人生が送れると思う」

「嫉妬とかひがみなどの低い波動の感情を持たなくてすむから、霊的にもいいんじゃないの？」

「コンプレックスに悩まない人生は精神的にもすごく良さそう」

と、考える人は多いと思います。

「私は霊格なんか上がらなくていいんです。人を羨《うらや》んだり妬《ねた》んだりしなくてすむから、お金持ちのほうがいいです。人格もそのほうが高くなると思います」というメッセージをもらったこともあります。

実は魂には学習シートのようなものがあって、それには学習すべき細かい項目が何千何万と並んでいます。同じような人生を送ると、同じところにしかチェックが付きません。

「貧乏だけど、人を羨ましがらず、明るい性格を保ちました」

「貧乏だけど、金銭的に卑屈にならず、ポジティブに生きました」

「お金持ちだけど、人を見下したりせず、心清らかに生きました」

というこのような項目はあっても、

「お金持ちだけど、金銭的に卑屈になりませんでした」

という項目はないので、貧乏で卑屈にならない人生もやってみるわけです。

「美人じゃなくても性格の良さで輝いた人になりました」

という項目にも挑戦してみるのです。

「え〜、私は、別にそこにチェックは入らなくていいんだけど〜」

「それより超美人のほうが絶対にいいわ！」

と〝人間であるいま〟、そう思うかもしれません。

しかし人は魂に戻ると……つまり、肉体を脱いであちらの世界に帰ると、霊格を向上させよう！　頑張ろう！　という非常に前向きなキラキラした存在になります。ダルいわー、面倒臭いわー、ラクして生きたいわー、というのは人間という重たい肉体を着ているがゆえの発想なのです。

地上に降りて人間になると、前向きで崇高な魂だったときの気持ちは忘れてしまいます。それで自分のいまの環境にぶーぶー文句を言ったりするわけです。

魂だった自分はそうなることも予測していますので、志の高い魂本来の気持ちを忘れたまま うっかり人生を終えないように、そして見えない世界の素晴らしさを思い出すために、人生のあちこちに試練を用意しておきます。

このあたりで病気になって自分を見つめ直そうとか、ここでつらい思いをして深く考えるようにし、神仏の世界に目覚めよう、とかです。

このへんで霊格をぐーんと成長させたいから、ちょっときつい試練なども組み込んでみようかな、といった感じで自分が計画しています（不幸に関しては全部が全部、自分で決めて来たことではないです。霊的な障《さわ》りだったり、自分が人にしたことの反応だったり、天の矯正だったりすることもあります）。

このように自分が決めて来た諸々《もろもろ》のことが運命です。天から一方的に与えられたような錯覚を起こしがちですが、違うのです。

ですので、「与えられた」自分の使命を知りたいのではなく、「自分が考えて計画した」自分の使命を思い出したいというのが正しいと言えるかと思います。

天災に遭うのは運命とは無関係

◉天災に神様は関係していない

ブログにいただく質問で天災に関するものがたまに届きます。天災が起こると、「どうして神様はこんなにひどいことをするのですか？　どんな意味があるのですか？」

「神様はひど過ぎます」

「戦争や天災で亡くなる人がいます。神様がいるならどうしてそんなことが起きるのでしょうか」

というようなメッセージをいただきます。

この〝神様〟は神社にいる高級霊のことを言っているのか、絶対神のほうを言っているのかわかりませんが、どちらにしても、天災に神様は関係ありません。

では、なぜ天災は起こるのでしょう？

まず、物理の法則で起こるものがあります。長雨が続けば土砂崩れが起きる、みたいなものです。降雨量が多ければ川が氾濫《はんらん》するとかです。

それとは別に、霊的な負のエネルギーを物理的なエネルギーで打ち消す、というものがあります。

霊的な負のエネルギーは、人々の悪い想念から発生します。数人が悪想念をばらまいたところで大したことにはなりませんが、殺人、暴力、強盗、レイプ、残虐行為などがどこかで集中して起こると、そのあたりの負のエネルギーが極端に増大します。

もしも日頃から良くないことを考えている人ばかりが集中している地域があったとしたら、そこの負のエネルギーも巨大なものになっていきます。

人を愛する心、親切や慈悲、平和を願う思いなど、美しい良い想念や行為で普段は負のエネルギーを打ち消してバランスを取っていますが、負だけが猛烈な勢いで増えた場合はバランスが崩れます。

そうなってしまうと、地球という惑星に「物理的な」悪影響が現れます。それが地球という天体のバランスを崩す重大なものになったりするので、悪影響が出る前に大きくなった負のエネルギーを消滅させておかなければなりません。

◉宇宙は想像を絶する複雑なバランスで動いている

その説明ですが、順を追って書きます。

まず、宇宙を頭の中に思い描いてください。広大無辺な、行けども行けども終わりがない宇宙空間、そこに星の集団である銀河が無数にあります。たくさんある中のひとつが私たちがいる天の川銀河で、その天の川銀河の中にも多くの恒星《こうせい》があります。

恒星の周りには惑星があって公転しており、その惑星には衛星がくっついて回っています。中心に太陽があって、地球や火星や土星のような惑星は、月のような衛星を従えて、太陽の周りを公転します。

この太陽系だけを考えても複雑な仕組みであるのに、さらに太陽系ごとみんな一緒に銀河の中心を軸にして回っているのです。それも非常に速いスピードで、です。

私たちが普段見る太陽系の模型は太陽が動いていません。太陽は中心に固定されていて、平面上で地球や他の惑星がぐるぐる回っています。

これだけを見ると単純な公転軌道だと思ってしまいますが、太陽は銀河の中心を軸にして公転しているので、宇宙空間を超高速で進んでいます。その周りを回るということは、太陽の周りを一周すると同時に、太陽にくっついて一緒に宇宙空間を進まないといけないわけです。

……ということは、単純にくるくると平面を回るのではなく、軌道はらせんを描くような感じになります。

たとえば、新幹線の先頭車両の先っぽが太陽だとすると、太陽はひゅーんと前進します。この先っぽの周りを回りながら、地球も新幹線と一緒に前に進むわけですが、その軌道は円ではなく（ただの円だとその場にとどまってしまうので新幹線だけが先に行ってしまいます）、円を描きながら前にも進まなければいけない……というわけで、軌道はらせん状になるのです。

さらにすごいのは、天の川銀河も動いているので太陽自体も直線で進んでいるわけではないのです。太陽は浮き沈みしつつ公転しているので、銀河の真ん中を中心として複雑ならせんを描いて移動しているわけです。そのらせん状に動く太陽を、さらにらせん状で追いかける地球なのです。

こうなるともう頭の中で想像ができないくらい、非常に複雑なバランスで動いている、ということがわかると思います（ブログにイメージしやすい動画を載せています。

ただし、これは間違っている部分があって正確ではありません。ですが、こういう感じなのね、と理解がしやすいと思いますので、よかったら参考になさってください。

「さくら識日記」２０１５年8月21日)。

◉天災は地球という天体の自浄作用

この複雑に動いているバランスを、もしもなにかの拍子に崩してしまったら、軌道から外れて地球は破滅です。

著名な天文学の教授によると、「地球がこの軌道から外れることはほとんど起こらないと考えられているが、その可能性はゼロではなく、厳密に言うとどうなるかわからない、ということがわかっている」のだそうです。

地球が軌道を外れてしまう確率は非常に小さいけれど、ゼロではなく、その確率の値がいくつなのか、「知ることができないことが科学的にわかっている」と書かれていました。

宇宙には科学的、物理的になぜそうなっているのかわからない、という現象がとても多く、地球人のいまの私たちの知識では解明できないこともたくさんあります。絶妙なバランスを崩す原因には、小惑星が衝突するといった物理的な力だけではなく、精神などの見えない世界のエネルギーもあるのです。

悪い念を持った人が大勢集まるとそこに見えない世界の空間の歪《ゆが》みだの、低い波動だのができて、それが作用したりします。

宇宙では、物理的な作用も精神的な作用も、そこに区別はありません。それは人体でも似たようなもので、冷えたためにお腹が痛くなる場合と、ストレスという精神の作用でお腹が痛くなる場合があることでもおわかりになるかと思います。

物質的なものだけが正しいとする唯物論的な考えの人は、見えない世界の力をオカルトとして一笑に付しますが、宇宙では区別なくどちらも同じなのです。地球は常にバランスを取っていなければいけません。

軌道を外れないように、ということだけではなく、地球自身のバランスというものもあります。

地球という惑星の最適環境や、目に見えない磁場とか引力とかもそうですし、それだけでなく地球という惑星のエネルギー（霊的なエネルギーです）もうまく調整されていなければなりません。

地球のある場所で悪い念が蓄積して空間が歪んでしまうと、別の場所で地震が起きたりします。どこかで負の影響が大きくなってバランスが崩れそうになると、全然違う地域で火山が爆発したりするのです。

天災が起こった地域は災難ですが、それで地球という惑星全体のエネルギーのバランスが取れるわけです。病気やケガの治療のように悪いところを治す、つまり、霊的に良くない場所で天災が起こるのであれば話はわかりやすいのですが、〝バランスを取る〟ためには別の地域での天災発生が必要のようです。

というわけで、天災の発生は地球という天体の自浄作用のようなもので、神様とはまったく関係がないのです。

◉神仏は必死に助けてくれている

たとえば太古の昔、洪水によって水没したという大陸の生き残りの人々は、神はいないのか、大勢が死んで神は平気なのか、と嘆いたことと思います。

でもこれは発想が逆なのですね。人間のために大陸や地球が存在しているわけではなく、人間は地球に住まわせてもらっているのです。

地球という大きな星があって、その上に、たくさんの植物や動物や人間が住まわせてもらっているわけです。その地球が磁場や波動を整えてバランスを取っていなければ、どのみち、生物は生きていられないのです。

地球という惑星が自分自身を守るためにそれをするのは当たり前で、その上に住まわせてもらっている人間が、

「私たちのことをもっと考えろ」

「人間が住む大陸を水没させるな」

「神はどう思っているのか」

と怒ったり恨んだりするのは、ちょっと筋が違っているわけです。

天災は突発的に起こるので、何年も前から決まっている、というものではないです。このあたりでバランスを取るかもしれない、起こるかもしれないという候補はせいぜい2～3ヶ月前くらいに決まるのではないかと思います。

原因となる空間の歪み、悪想念などがなんらかの事情で急に改善すれば、災害は起こらずにすむわけですから、発生はまさに直前に決定していると思われます。そしてそこに居合わせた人々に悲劇が起こるのです。

そのとき、神仏はどうしているのかというと、できるだけ多くの命を救おうと懸命に働いています。それはもう、本当に必死になって助けています。

しかし、高級霊の神仏といえども、地球規模の大きな災害の場合には限界があって、全員を救うのは難しいようです。いくら高級霊で力があっても、地球の力には勝てないので、災害を止めることができないのです。

たとえば津波だったら、その地域や周辺の神仏が救助のためにうわーっと集結します。

そして、到達時間を1秒でも2秒でも遅らせるよう必死で津波のほうを抑えている神々と、いまのうちに高台へ早く早くと人々について導く神々とに分かれます。そうやってひとりでも多くの命を救おうと必死で救助活動をしています（東日本大震災のときの神仏の詳細は『神仏のなみだ』という本に書いています）。

火山の噴火となると、その山にいる神様と眷属《けんぞく》だけになるので、懸命に助けても、救える命には限界があります。しかも人間という生物は弱くて、すぐに死んでしまうのです。

◉亡くなった方には「尊いご選択でした」と供養する

ここはどうしてもお伝えしたいのですが、神仏は力の限り、私たちが想像する以上に、必死で救助活動をされています。

ですので、天災が起こったときの、

「どうして神様はこんなにひどいことをするの？」

「神様はひど過ぎる」

という感想は誤解である、ということがおわかりいただけるかと思います。

そこで、今度は新たな疑問が出てくるかもしれません。

「では天災で亡くなった人は、神仏に助けてもらえなかったの？」

「見捨てられたということなの？」

そう考えた方がいらっしゃるかもしれませんが、そうではありません。

まず天災が発生することが直前に決まります。そこに救助に行ける神仏がこれだけの数、ということも瞬時に決定します。

日本中の全部の神様が行けるわけではないのです。自分の持ち場を離れてはいけない神様がほとんどですので、数も限られます。となれば、助かる人数は大体これくらい、ということもそこで決まります。もちろん、あちらの世界での話です。

その場所に50人の人間がいて、神仏が必死に守っても40人程度しか生き残れない、となると、その事実はその場にいる50人には即座にわかるようなシステムになっています。人間の意識ではもちろん感知することはできませんが、魂は見えない世界と常に繋がっていますから、その事実を把握します。

すると、その50人のうち、霊格の高い何人かが、「では、私が犠牲となる10名の中に入りましょう」と自己犠牲を申し出ます。

「私が犠牲になりますから、その分、ほかの人を助けてあげてください」と。

しつこいようですが、人間としての意識のうえではなく、魂がそう決断しているのです。もちろんこの人も、生き残りたい！　という思いはあります。

寿命までまだ年数があれば、やり残したこともあるし、会うべき人もいるからです。死ぬのは嫌だ……だけど、だれかが死ななければいけない、自分が申し出ればその分、生き残れる枠が空いてほかの人がそこに入れる……と、自己犠牲を決意するのです。

人間の意識のうえではわかっていませんから、逃げることは逃げますが、魂はそのように申し出て、すでに覚悟をしているわけです。

ですから、天災で亡くなった方に「無念でしょう」「つらかったでしょう」と憐《あわ》れんで手を合わせるのは少し違うのです。「尊いご選択でした」と頭を下げて敬意を払う、そのような供養となります。

大勢が一度に亡くなる災害の場合、もしかしたら本当に力及ばずの神仏の手からこぼれ落ちた人がいるかもしれません。でも、その方が犠牲者の人数に入ったおかげで生き延びた人がひとりいるわけです。結果として、自分の命と引き換えに、人の命を救ったことに変わりはありません。

そこに気づいた人はすぐに成仏して、自己犠牲をしたために霊格が高くなりますが、死後のパニック状態のまま気づいていない人も、なかにはいるかもしれません。その場合は、手を合わせてこの事実を伝えてあげると、〝知る〟ことによって、その人に仏への道が見えてきます。

災害で亡くなるのは運命ではありません。しかし、とても崇高な死である、ということが言えるのです。

悪霊を背負っている人から身を守る方法

◉「殺される運命」というものはない

子どもが親に虐待されて亡くなる事件があると、

「虐待で殺された子は、殺される運命で生まれて来たのですか？」

という質問をもらいます。

同じく、ストーカーに殺された人はそれが運命だったのでしょうかとか、イジメで殺された人は運命で決まっていたのですか……という質問もあります。

第二次世界大戦中のアウシュビッツの強制収容所や原爆で亡くなった多くの人々も、その運命で生まれて来たのでしょうか、という質問をいただいたこともあります。

殺人は、〝人間の意思〟によって発生するものです。殺人者が「殺さないでおこう」と思えば、被害者は殺されずにすみ、「殺そう」と思えば、被害者の人生は終わるわけです。つまり、殺人者の考えひとつにゆだねられた人生、ということになります。

そこらへんにいる人間の意思に左右されることが、運命のはずがありません。

ですから、殺されることが前提で生まれて来たのではない、ということがおわかりいただけるかと思います。

「運命ではないのなら、殺された人は運が悪かっただけ？」

と聞かれると、残念ですが、ここはそうとしか言えないです。

◉神仏はなぜ殺人を止めないのか

「神仏はなぜ殺人を止めなかったの？」

という疑問を持つ方もいらっしゃるでしょう。

まず知っておかなければいけないのは、殺人を犯す人は、魂が神仏から離れてしまった人です。これは牧師さんだから僧侶だから神仏に近いということではなく、たとえそのような職に就いていても、心から信仰していなければ、魂は神仏から離れています。

離れていく人には離れていく〝自由〟があるわけで、神仏はそのような人におせっかいはしません。引き留めたりしないのです。神仏の元から去りたい人はご自由にどうぞ、という感じです。

去ってしまえば、当然神仏のご加護がもらえなくなりますから、本人の心の持ちようによってはどんどん暗闇に落ちてしまいます。神仏とは正反対の「魔」のほうに近づいていきます。

たとえば、殺人者の母親が非常に信心深い人だったとします。母親は神仏に大変可愛がられていて、ご加護もたくさんもらっています。その母親が、「息子がストーカーをしていて殺人を犯しそうだから、神様、なんとかしてください」とお願いした場合、神様は「母親のために」息子を止めに行ってくれます。罪を犯さないよう働きかけたり、罪を犯す前に逮捕されるようにしたりして、殺人を未然に防いでくれます。

ですが、どうしても神様の働きかけが届かないことがあります。それは、多くの悪霊が本人に憑《つ》いている場合です。

殺人者本人の上に多くの邪悪な霊がどっさり乗っていて、それらが神仏をブロックするのです。恐ろしく波動が低いので、波動の高い神仏の働きかけが届きません。跳ね返してしまうのです。

この悪霊というのは、悪い念を持った幽霊もいますが、メインは元々この世界の神仏と対極にいる邪悪な存在です。悪魔とかそういう存在で、私はすべてを総括して「魔」と呼んでいます。

◉残酷な動画には要注意

「じゃあ、神様にその悪霊を全部祓《はら》ってもらえばいいんじゃない？」と考えるかもしれませんが、神仏がそれらの悪霊を落とそうにも、〝本人が〟磁石のように引き付けているので、どうしようもないのです。

もしも祓ったとしても、祓った端から、次々にまた引き付けてしまいます。こういう悪霊の類は、心の持ちようでどんどん乗っかってくるので、注意が必要です。

いまはネットで残酷なシーンなども見ることができます。興味を持ってたくさん見ていると、残酷なことが好きな邪悪な存在と波長が合ってしまい、自ら呼んでしまうのです。

一体乗ると、ますますそういうことに興味がわいて、もっと見たくなります。悪霊に誘導されるままに見ていると、さらに一体、また一体、と波動が落ちていくにつれて、多くの邪悪な悪霊が乗ってしまうのです。

こうなると、自分の〝興味〟と波動の低さが、それらをガッチリ引き付けているのですから、神仏にはどうしようもできないわけです。

そうならないために、心は常に正しく持ったほうがいいです。人の不幸を喜んだり、陰でこっそり人をネットで攻撃したり、「あいつ、失敗すればいいのに」などという憎悪の念は持たないことです。

もしも、だれかが不幸になったときにうれしかったり、自分が意地悪をして「あ〜、スッキリした」と考えてしまうようなら、その心と波動の低さは矯正したほうがいいと思います。殺人をするほどひどい悪霊は呼ばないものの、低級なものと波長が合ってしまうからです。波動を高くすることがいかに大切か、は知っておかれたほうがいいと思います。

さらに、人間には〝選択をする自由〟というものがあります。良いか悪いかという善悪の判断に関係なく、たとえ殺人であっても、それを「する」のか、「しない」のかは、本人が選ぶことです。そこは侵されるべきではない人間の自由意志であり、基本的には神仏でさえも手出しをしないという不文律があります（このお話は『神様が教えてくれた金運のはなし』という本に書いています）。

◉守護霊では幽霊を祓うことができない

ここまでは殺人を犯すほうのことを書いてきましたが、では、殺される側はどうなのでしょう。殺される人にも守護霊がいるはずで、

「守護霊はなにをしているの？　守ってくれないの？」

と思うかもしれません。

実は、守護霊には霊力というものはほとんどありません。幽霊を祓うこともできませんし、結界を張って本人を守るというようなこともできません。神仏と同じような力があると思われている人がいるかもしれませんが、そのような強い力は持っていないのです。

ここは詳しくお伝えしたほうがいいと思うので、少し話がそれてしまいますが、守護霊について書きます。

守護霊は〝守護〟というその言葉から、ボディガードのようなものと考えている人

存在である、と。

が多いのではないかと思います。敵や危険からガッチリ身を守ってくれる、頼もしい

憑こうとする悪霊を祓ったり、邪悪なものが多い場所では盾となって守ってくれたり、病気にかからないようにしてくれたり、不幸を遠ざけてくれたりする……守護霊の役割をこのようにとらえている方がいらっしゃると思います。

残念ですが、守護霊はいま挙げたような力を持っていません。

これらはすべて神仏の管轄であり、神様仏様クラスにまで霊格が上がらなければこのような力は持てないのです。

「え？　守護霊って霊格が高いんじゃないの？」

と思われた方、たしかに霊格は高いです。

でもそれは、亡くなったおじいちゃんおばあちゃん、曽祖父母、その少し前あたりのご先祖様の霊格よりは格段に高いということです。守護霊クラスになると亡くなってから長い年月がたっていますので、それ相応に修行も積んでおり、それで霊格が高くなっています。

霊格が高くなっていくと、あちらの世界でいろんな尊い仕事をさせてもらえるよう

になりますが、そのひとつが「人間の守護霊」というわけです。しかし、神仏の神格に比べるとまだまだ比較にもなりません。

まれに仏様に近いレベルにまで進化している守護霊もいるのですが、そこまでの霊格になっていても〝守護霊という立場にいる以上〟憑いて来た幽霊は祓えません。守護霊はたとえ力を持っていたとしても、その力は使えないようになっているのです。

◉目標達成をサポートするのが守護霊の役目

では、守護霊の役目とは一体なんなのでしょうか。実は守護霊は、私たち人間を〝霊的に導く〟ガイドとしてついています。

生まれる前の魂だったときの私たちは、「地上に生まれるこのチャンスを生かし、頑張って霊格を上げよう！」と計画してきます。

たとえば霊格に数値があったとして、「55」のあたりまでは絶対に上げたい、できれば頑張って「65」くらいの高さまで行けたら行きたい、と生まれる前に、自分の守護霊に目標を話しているのです。

守護霊は、「55」のラインまではなんとしてもうまく導いて引き上げてやらねば、と思います。その先もできるだけ霊格が上がるよう導いてくれます。

地上に降りてしまうと、私たち人間は魂だったときのことをキレイに忘れています。霊格のことも、そんなものが存在することすら覚えていません。ですから、ラクなほうへラクなほうへ逃げようとします。堕落した生き方を選んだり、人によっては悪い道に入ろうとしたりするかもしれません。

そのような方向に流れそうになったら、本人に働きかけて道を正し、曲がらずに真っすぐ歩んでいくよう指導するのが守護霊の役目なのです。今生での霊的な目標達成ができるようにサポートします。

守護霊の霊力というのは主に、本人の心、つまり顕在意識や潜在意識に直接働きかける方法で使われます。それによって自覚をうながしたり、本人が道を踏み外さないようにしたりするわけです。

危険を回避する必要がある場合も、心や意識に働きかけてうまくかわすようにしてくれます。たとえば、いま歩いている大通りの先で、5分後にビルの上階から植木鉢が落ちる事故が発生するとします。このまま行くと植木鉢が頭を直撃してしまいます。

守護霊は心に働きかけますので、急にすごく裏通りを歩きたくなったり、カフェでコーヒーを飲みたくなったりします。裏通りを歩くことで回避する、カフェでくつろいでいるあいだに植木鉢が落下して助かる、というふうに危険を避けるよう守っています。

逆に言えば、心に働きかけるので自分の意思と区別がつかず、守護霊からの警告に気づかなければ頭にケガをしてしまう、ということになります。

◉守護霊ではなく神仏に守ってもらうことが必要

仮にこれが神仏だったらどうかというと、神仏には力がありますので植木鉢が落ちること自体をナシにできます。ほかにも、急に本人を下痢にさせトイレに駆け込ませるとか、近くの通行人が本人に道を聞くよう仕向けて立ち止まらせるとか、外からなにか現象を起こして確実に助けてくれるのです。

守護霊は出しゃばって前面に出てはいけないシステムなので、サポートはあくまでも控えめな位置からとなっています。

守護霊は自分専用のツアーコンダクターのようなものです。旅行は日程とコースがあらかじめキッチリ決まっています。写真を撮るために列を離れたり、ちょっと脇道に入ってアイスクリームを買い食いしたり、集合時間に遅れてみたりと、それくらいの小さなことは許してもらえます。

しかし、日程とコースだけは外れないように管理をしてくれて、安全にその旅行が終えられるように、また楽しい旅行だったと言えるように引率してくれます。人生も同じです。

悪霊を退治してくれたり、病気を治してくれたり、開運してくれたりと、そういう存在ではありません。それらは守護霊の仕事ではないのです。

守護霊の役目は、本人の霊的向上に関するすべてのことのサポートを〝控えめに〟することとなっています（この〝控えめに〟は表舞台に立たずに、という意味です。適当に手を抜いて、ではありません。サポートは一生懸命にしてくれています）。

先ほどの話に戻しますと、悪霊を背負っている人から、殺されたりケガをさせられたりといった被害に遭わないようにするためには、神仏に守ってもらう必要があります。

もちろんストーカーに対してはまず警察に行って警護してもらえる手配をし、イジメなどはしかるべきところに相談に行って、そこから先の話になります。

というわけで、殺されるのも、殺すのも、それは運命ではないという結論になります。戦争も人災で殺人になるため、神仏の管轄外であり、もちろん運命ではありません。

自殺はあちらの世界で〝絶対に〟後悔する

◉他人のことも自分のことも、殺せば罪になる

ここで自殺についても書きたいと思います。

自殺も運命ではない、ということは、皆さんもおわかりになると思います。「死のう」と思えば死んでしまうし、「死なないでおこう」と思えば、その後の人生を歩んでいくわけですから、人間である自分の意思が左右することになります。それは運命ではありません。

自殺した人がすんなりと成仏できないのは、対象が自分であっても、殺人という罪を犯すからです。自殺は、自分で自分を殺す……殺人の一種なのです。

殺すのは他人ではなく自分だからいいと思う、という人がいるかもしれませんが、宇宙の法則では他人と自分の区別はありません。

同じ〝宇宙に存在する人間〟なのです。

ですから、他人の手首は切ってはいけないが、自分の手首なら切ってもよい、なんて通用しないわけです。どちらも切ってはいけません。宇宙にとってはかけがえのない同じ尊い命だからです。

他人も自分も、絶対神が愛を注ぐ人間であり、その人生には綿密な計画があって寿命もあります。その人間を身勝手な理由で殺すのですから、罪になります。そこは他人も自分も同じなのです。

◉自殺は神仏を裏切る行為

さらに自殺は、神仏を裏切る行為にもなります。守護霊は、生まれる前にこの人生をサポートすると約束してくれて、生まれ落ちた瞬間からずっとついて導いてくれています。一生懸命にサポートしてくれているのです。

子どものころから参拝している神社やお寺、初詣に行く神社仏閣、時々参拝している寺社など、本人が気づいていないところでご縁をくださっている神仏が、どなたにもいらっしゃると思います。

せっかくご縁をくださって守ってくれている神仏や、懸命に指導してくれている守護霊がいるのに、「生きるのやめるわ～」と自ら放棄して自殺をするのは、ある意味裏切りになるのです。

ただ、自殺は他者を殺すよりも若干罪は軽いため、反省具合や供養によって成仏ができるというわけです（残念ながらすぐではありません。死後しばらくは苦しい思いをします）。

「切腹は自殺でしょうか？」という質問をいただいたことがあります。

切腹には2種類あって、お上から「切腹を申し付ける」と言われて切腹した場合は自殺ではありません。この場合、自分の手で刀を持ってお腹を刺しますが、実際はお上の命令、お上の意思による殺人なのです。

よって、そこに「無念」とか「怨《うら》み」などを持たなければあっさりと成仏できます。

お上の命令ではなく、なにか失敗をしでかして「申し訳ないので死んでお詫《わ》びを……」という自分の意思による切腹、こちらは自殺になります。

自殺した人はすぐには成仏ができません。その苦しさ、つらさは、この世のつらさの比ではありません。自殺するとあちらの世界で、〝絶対に〟後悔します。

「こんなに苦しいのなら、地上でもうちょっと頑張ればよかった」と涙を流して後悔しても取り返しがつきませんので、これはちゃんと知っておくべきことかな、と思います。

運命を変えるには神様の助けがいる

◉人生を賭けて願掛けした私の経験

いつだったか、もうかなり前のお話です。

私は当時、自分の人生をとある奉仕活動に捧げよう、と考えていました。その計画を達成するには相当な運と資金が必要で、冷静に考えると「叶《かな》うわけがない」とキッパリ思える、というそんな夢のような計画でした。

でも、「人生をその奉仕に使いたい！」と思った私は、熊野三社（私個人が参拝している三社です）にお願いに行きました。熊野三社の神様には奇跡に近い形で願掛けを叶えてもらったことがあったので、力がある熊野の神様方ならなんとかしてくれるかもしれない、と思ったのです。

三社の1番目の参拝は玉置《たまき》神社でした。

玉置の神様に一生懸命、計画の話をしていると、神様はなぜか「ふふふ」と笑っていました。いつもなら「できる限りのことはしてやる」と全面的にバックアップしてくれるのに、このときだけは意味ありげに、包み込むような優しさで笑っているだけでした。

「?」と思いましたが、よくわかりませんでした。

次に熊野本宮へ行って、本殿の前で話をしていると(このときは熊野古道を歩かず、直接本殿にお参りをしました)。なぜか他の参拝客にジロジロと見られて、なかなか集中ができません。

「えーっと? どこまで話してましたっけ?」「あれれ?」みたいに何回も中断するので、「大斎原《おおゆのはら》へ行ってそっちで話せ」と言われました(大斎原は熊野本宮の旧社地です)。

言われた通り、大斎原へ行って自分が立てた計画を細かく話し、「神様、私はもう決めました、なんとしてでもやります」と決意を言いました。

すると神様は、「その人生を選択した場合、一番つらいことはこれ(具体的に教えてくれました)だが、それでもやるか?」と質問をされたので、「それでもいいです」とハッキリお答えしました。

熊野本宮の神様は、奉仕に人生を使いたいという部分を褒めてくれて、大きな理解を示してくれました。そこまで覚悟しているのか、よし！　全力で応援しよう！　という力強いものが伝わってきます。

手を合わせ終えて大斎原をぶらぶら歩き、大斎原の出口にあたる石段のところで「ん？」と思いました。

さっきまでいた熊野本宮の神様がいないのです。本殿に戻っているわけでもなく、山のほうに帰ったわけでもなく、そのあたりにいないのです。

あれ？　どこに行ったのだろう？　と思っていたら、玉置の神様の声が聞こえました。

「お前が言うところの上の神の元へ行った」と言うのです。

山岳系神様の上には天空に存在する神々がいるのですが、当時は天空の神様をまだ見たことがなかったので、表現としては上の神様だったのです。その、上の神様に掛け合いに行った、と教えてくれました。

それは……私の願が叶えられるよう直談判《じかだんぱん》しに行ってくれたのでは？　と思いました。

玉置の神様は「ふぉっ、ふぉっ、ふぉっ」と笑って、「あれ（熊野本宮の神様）はこういうことが好きだからのー」と、熊野本宮の神様がそうやって奔走してくれることをすでに予想していたようでした。

その後、飛瀧《ひろう》神社へ行って、滝の神様にも同じ願を掛けました。滝の神様はこのとき初めて岩肌をびよーんと伸ばしてパワーをくれました。

願掛けは叶えられるだろう、と疑うことなくそう思いました。

◉どうしても願いが叶わなかった理由

それからです。願を掛けた計画の道に進もうと、何度も頑張るのですが、なぜかことごとくうまくいきません。10回トライして10回とも壁にぶつかる、というような惨敗ぶりです。

おかしいなぁ、熊野の強力な3柱の神様がバックアップしてくれているのに、どうしてうまくいかないのか……と不思議で仕方ありませんでした。

そして現在です。本やブログを読んだ方から多くのメッセージが届きます。

「本のおかげで救われました。ありがとうございました」

「識子さんのおかげです。本当に感謝しています」

このようなお礼をメッセージやお手紙でいただいています。

もちろん本を読んだ人全員、ブログを読んだ人全員が、良かったと言ってくれているわけではありません。なかには、信じられないという人もいますし、荒唐無稽《こうとうむけい》だと考える人もいるようで、辛辣《しんらつ》なメッセージももらいます。けれど、理解してくださる方々には、微力ながらでも、なんらかのお役に立てているようです。

そうしたなかで先日、熊野三社の神様方の参拝に行きました。そこで熊野本宮の神様にいろいろと聞いて、事の真相がわかりました。

私がぜひとも叶えてくださいと願を掛けた計画は、実は私自身が生まれる前に立てた人生の計画とは異なっていたそうです。それはその場で神様にはわかったそうです。

「ははぁ、なるほど、それで玉置の神様はふふふと意味ありげに笑っていたのだな」と思いました。

けれど、奉仕をしたい、神仏のお仕事のお手伝いをしたい、というその気持ちは大変尊いし、なにより本人の希望が強く、「やりたい!」「頑張りたい!」とキラキラしているので、そこまでやる気なら手伝おう、と考えてくださったみたいです。

しかし、熊野本宮の神様が叶えてやりたい、と思っても、生まれる前に計画した人生を勝手に変えてはいけないそうで、上に許可をもらいに行った、とのことでした。

そこまでしてもらったのに、どうして許可が下りなかったのかというと……。

間接的に人の役に立つよりも、直接人の役に立つほうが尊いそうで、たとえば間接的に1万人を救うお手伝いをするよりも、直接自分が100人に働きかけて役に立つほうが大切なのだそうです。

私が書いた拙《つたな》い内容の本やブログでも、それによって「神仏のありがたさに気づきました」「救われました」と言ってくれる人がいれば、間接的な奉仕でたとえ10万人を救うお手伝いができたとしても、私は私の計画の道を進むべきなんだそうです。

間接的とは……例を言えば、大金を寄付することで人の役に立つ、などです。寄付は当人でなくてもほかの人でもできますが、直接役に立つのはその本人しかできない、ということらしいです。もしも、私の未来がこのようなものでなければ、人生を変えていたそうです。

◉神様は簡単に人生を変えることができる

この一件でわかったことは、しようと思えば、神様は簡単に人間の人生を変えられる、ということです。どんな成功もさせられるそうです。ただし、勝手に変更してはいけないルールのようなものがあって、天空の神々の許可が必要だということでした。

自分が生まれる前に決めた人生ですから、当然それが最優先であり、通常大幅な変更はできないのだそうです。そこをあえて変更してもらうには、その内容と動機が重要になってきます。人を救いたい、人の役に立ちたい、神仏の仕事の手伝いをしたいとか、そういう目的なら変えてもらえる可能性大です。

神様には人間の心の中がすべて見えているので、口だけで人を救いたいと言ったり、うまい理由を付けて表面を取り繕ったりしても、真の動機がお金持ちになって見返したい、高級車を買って人に差をつけたい、億ションに住んで羨望の目で見られたいというものだったら、叶えてくれる可能性は低いと思ったほうがいいです。

でもそのような動機でも人の役に立つのであれば、叶う可能性も無きにしもあらずです。なにかの分野で成功して派手にお金を使ったりすることも、それを見て「そんなに儲《もう》かるのか、じゃあ、オレもこの方面に進もう、頑張ろう！」と多くの人に希望を与えることになります。その分野の発展に貢献しているというわけです。

そしてその発展によって、人々の暮らしが便利で豊かになれば、多くの人のお役に立っているということになります。人の役に立つ、といってもさまざまなのです。

こういうサービスをして、もしくはこういう機械を開発して、人々の暮らしを便利にしてあげたいというのもあるでしょうし、お料理やお洋服など自分が作ったもので人々を元気に、幸せにしたいというのもあると思います。会社の上層部に行って、良い部下をたくさん育てて会社を発展させ、企業として大きな社会貢献をするとか、いろいろな方法があります。

なにをどうとらえて、人の役に立ちたいと考えるかにもよります。そして本気で、人のために人生を使いたい、奉仕したい、と心から純粋に思えば神様は力を貸してくれます。その奉仕をするためにお金持ちになる必要があれば、そうしてくれます。

私のように「頑張りたいです！」と意欲満々で、瞳を輝かせてお願いすれば、「人の役に立つ計画を持っていて変更は無理だろうが……しかしなんとか叶えてやりたい」と、上の神々に交渉・相談をしに行ってくれるのです。

◉力のある神様のバックアップで道は開ける

私のように生まれる前に決めた計画があると〝柱の部分〟は、この世に生まれてから〝自分で〟変更することはできません。けれど、神様は簡単に変えることができます。

自分では、前回有名人の人生をやったから、今回は一般的な人生をのんびり味わってみよう、と決めているかもしれません。前回大金持ちを経験したから、今回は労働の厳しさや達成感を学ぶ人生にしよう、とチャレンジ中かもしれません。

それはそれで大切な課題をクリアする重要なことなのですが、やっぱりここはもっと人生を頑張ってみたい、と思われたら、人の役に立つ、奉仕をする、そういう方向で神様に変えていただくといいと思います。

その場合、天空の神々にこの人間の人生を変えてやりたいと、直談判に行ける神格の神様でなければ人生は変えてもらえません。お願いに行くのは、山岳系の神様か、そうでなければ大きな、たとえば出雲大社などの神様がいいと思います。

天空の神様から許可が出たら、人生は変わります。これは熊野の神様に直接聞いたことです。嘘ではありません。

75ページで、人生の計画を細かく決めて来なかった人や、白紙状態で生まれて来る人もいると書きました。そういう人は、自由に未来を描けるわけですから、変更もなにもなく思う通りの人生を作れます。ここで言うのは意志通りに成功する人生という意味ではなく、会社員になろうとタレントになろうと進む方向は自由ということです。ですので上の神々の許可は必要ありません。

しかしその場合も、力のある神様にバックアップしてもらうことによって、道が開けやすくなります。自分だけの力では「3」程度が限界ということでも、神仏の応援があれば、「10」の成功を手にできます。

どちらの人生を選択しているか自分では知ることができないので、やはりご加護はお願いしに行かれたほうがいいように思います。

第3章

幸運を引き寄せるコツ

神様仏様にはすべてが見えている

◉神様を信じきれずに大損をした人

ある日、私の祖母が神様を降ろせるという噂《うわさ》を聞いて、遠方から相談者がやって来ました。相談内容は、ブタを売る時期はいつがいいか、というものでした。

そのとき、祖母に降りた神様は「いまは売ってはいかん」と言ったそうです。それからブタはどんどん値下がりをしたので、売らずにいて正解でした。

それから、そのオジサンはまた相談に来ました。

神様は「まだだ」と言い、でも値を戻していたので、オジサンは「もう売りたいのだけど」と売りたくてウズウズしていたそうです。ですが、そのときも売らずにいました。

それからちょっとずつ値が上がっていきます。

オジサンはすぐにまた来て神様に意見を聞きましたが、「もう少し待て」と言われました。しかし、下手に待って再び値が下がると損をする……そう考えたオジサンは、そのアドバイスを聞かずに、ブタを売ってしまいました。

売った直後から、いきなり猛烈な勢いで値が上がり、オジサンはものすごい大損をして、泣き言をわざわざ言いに来た……という話を叔母たちに聞いたことがあります。

神仏には未来が見えています。

未来がまったく見えない人間は、見えないがゆえに現在だけで物事を考え、ああでもないこうでもないとワーワー騒ぎます。

神仏は未来を人間に教えてはいけないので、この日にブタの値段がこれだけ上がる、などとは言えません。「いまではない、少し待て」としか言えないのです。

けれど、神仏が〝なにかしらアドバイスをした〟ということは、その言葉は嘘でも適当な話でもなく、〝最適な助言〟というわけです。

◉叶えた結果、不幸になる願いは叶えてもらえない

私にもこういう経験はたくさんあります。

自分の考えでは「不幸」と思える出来事、たとえば入社試験の面接で不採用になっ

て、神様に、

「どうしてこんなにツイていないのでしょう？　最近、不幸なことばかりです」

と泣き言を言ったときに、

「不採用になったことは不幸ではない」

とキッパリ言われました。

信心が足りなかった私は、どう考えても不幸なんですけどー、と心の中でうじうじと反論しましたが、その後私にピッタリの会社に入ることができました。いま思うと、本当に落ちて良かったと思います。

入社試験に落ちた、どうしても入りたい会社だったのにー、あー、不幸だわ、ツイてないわー、神様にお願いしに行ったのにー、神様全然お願い聞いてくれへんやん……と普通はこのような気分になると思います。

私の場合も、仕事内容が楽で、お給料も良くて、通勤も便利だし、どうしても入社したい、筆記試験は受かって面接もうまくいった、こりゃ絶対受かったな〜、と思っていて……結果は不採用、だったのです。

こういう経験は一回だけではありません。神様が見て、本人とその「場」が合わないと思ったら、本人を守るために入社しないようにしてくれます。

入ったらイジメに遭うとか、想像していた仕事と違ってやりがいがなくて辞めてしまうとか、逆に必死で働き過ぎて体を壊すとか、精神を壊すなどの不幸が待っているからです。そうなるのが見えたら入るのを阻止してくれます。もしも、神様に阻止してもらえなければ、入社してしまってつらい不幸を体験するハメになるわけです。

ですから、就職のお願いは「この会社が私にとって良い職場であれば入れてください」と言うのがベストです。神様はしっかり見に行って判断してくださいます。

一生懸命お願いしたのに不採用だった……となったら、どこか別の違う会社、もっと自分に合う会社が必ずある、ということです。

自分の能力を思い切り発揮できたり、同僚がいい人ばかりで居心地が良かったり、気持ちよく働ける会社が絶対にどこかにあるのです。そこを見つけてくれます。

◉叶わないときには必ず理由がある

願掛けが叶わないのは時期が合わないから、ということもあります。

事業を始めたいので資金を調達できますように、とお願いしても、人生の計画が50

歳あたりでビジネスを立ち上げるのだとしたら、35歳のいま、資金の調達はできないです。運命が変わってしまいます。

カルマとの関係上、願掛けがどうしても叶えられないという場合もありますし、願ったことよりももっと大きな素敵な未来が来るので願掛けをわざとパスする、ということもあります。

正しく参拝をしている。神様に対して失礼もしていない……だけど叶わない。大好きでとっても心地良い神社だと思う、参拝したときは神様にたくさんお話もしている、歓迎のサインもたくさんもらっている、その神社で何回もお願いしているのに叶わない……。

となると、〝そこには理由がある〟と考えたほうがいいです。第2章で書いた私のときのように、なにか必ず理由があるのです。

未来がわからない私たちは、目の前のことしか見えていません。ですから、願掛けを叶えてくれない神仏が正当なことをしてくれている、とそこを信じるのは難しいと思います。

ブタをいますぐ売れば、わずかでも儲けを手にできるのに、待てと言われて待つのは難しいです。しかし待てば、わずかな儲けどころか大金を手に入れられていたのです。「待て」と神様が言うからには、そこに理由が必ずあります。聞くと「なるほど！」と納得できる理由があるのです。

自分の思い通りにしてくれなかったからといって、この神社はダメだわ、もういいわ、とご加護を捨てるのはもったいないです。相手は神様であり、魔法のランプの精ではありません。人間の思い通りに言うことを聞いてくれる便利な存在ではないのです。

人間が見えない未来までしっかり見て、正しい判断をしてくださっているのだと考え、一度じっくりその願掛けの内容について考え直してみるのもいいかもしれません。あえて叶えてくれないのですから、その事柄について考え直すチャンスを与えてくれている可能性もあります。

私にも叶わなかった願掛けはたくさんあります。代表的なものは、最初の夫の浮気が発覚したときに、「夫が浮気相手と別れて、やり直せますように」です。

心から一生懸命にお願いをしました。しかしこの願いは叶えてもらえず、私は離婚をしました。どうして叶えてくれないのだろう、と離婚が決まるまでのあいだ苦しみ、神仏を恨んだりもしました。

いま、時を超えて過去を振り返ると、あのとき離婚して本当に良かった、としみじみ思います。叶えてくれない理由は私たちのため、ということもあるのです。

自分にポジティブな暗示を掛ける

◉人は自分で自分に術を掛けている

皆さんご存じのように、日本には〝言霊《ことだま》〟という考え方があり、実はその力が意外と影響を及ぼす、ということを『幸せになるスピリチュアル作法』という本に書きました。

これと並行してあるのが、自分に暗示を掛ける、というものです。言霊と共通する部分がありますが、こちらは自分で自分に術を掛けるようなものです。

実は人は知らず知らずのうちに自分に暗示を掛けています。たとえば、

「私、パソコン苦手なのよね〜」

と言うクセがあったとします。苦手だ、と言うたびに、口から出たその言葉が耳から入って、「私はパソコンが苦手なのだ」と自分に暗示を掛けています。

口癖になっていたら繰り返し繰り返しこの暗示を掛ける行為をしているわけで、い

つまでたっても上達しません。

なにかに挑戦しようとして「うまくいかないかもしれないけど」と、失敗したときに恥をかかないよう、ただ単に予防線を張っただけの言葉でも、耳から「うまくいかないかも」という言葉が入ると暗示が掛かります。うまくいかない可能性のほうが高いのだ、と。

これは他人に関しても同じです。

友人がなにかにチャレンジするとします。

「世の中、そんなにうまくいくわけないやんなぁ？」と別の友人と噂話をしたり、もしくはダンナさんにこのような話をしたりすると、その言葉は耳から入って、同じようなことを〝自分がするときに〟失敗してしまうのです。

「世の中、そんなにうまくいくわけない」と自分が言い聞かせているからです。

〝自分の声〟が言い聞かせるため、人が言い聞かせるより効果が高いので気をつけたほうがいいです。ネガティブな言動は避けることをお勧めします。

◉一生お金持ちになれない人の考え方とは

逆に言えば、ポジティブなことも暗示に掛けられるということになります。ですので、そちらは大いに利用するといいです。「私はやればできる！」などです。

似たようなお話ですが、人は自分の〝考え方〟にも暗示を掛けられて、それに縛られていることがあります。その最たるものは、「ラクして儲けるやつはロクなやつじゃない」という言葉です。

嫌悪する気持ち、どうせ陰で悪いことをしてるのだろうコイツは、という見下す気持ちも含まれているように思います。つまり、ラクしてお金持ちになった人は悪人、ととらえているわけです。

となると、魂は、悪人になりたくないのでお金持ちになろうとしません。あいつはロクなやつじゃない、と人に言われたくないからです。

ですから正確に言うと、お金持ちになれない、のではなく、お金持ちにならない、のです。魂の意思です。自分で、お金持ちに〝ならない〟という道を選んでいるわけです。

この、「ラクして儲けるやつはロクなやつじゃない」という考え方を捨てないと一生、お金持ちにはなれないと思います。

◉ラクして儲けるのは悪いこと？

高齢者で、この考え方に暗示を掛けられ縛られている人を何人も知っています（お金持ちでないことは不幸なことではありませんが）。

ヘルパーのサービスで一緒にいたときのことです。テレビに裕福な人が出ると、「どうせ陰で悪いことしてんねやろ」とか、「こんなやつ、ロクな死に方せえへんで」などと言っていました。

実はラクしてお金を稼ぐことは決して悪いことではありません。

たとえ話で説明をしますと、近所の人が和菓子屋さんの事業を始めたとします。資金を投入して店舗を構え、材料を仕入れ、早朝から一生懸命に働いて、和菓子を作ります。人件費も使って人を雇い、和菓子を売ります。

お客さんには従業員一同、常に愛想良くし、朝早くから夜遅くまで汗水たらして働いて、お店の評判が良くなってお店が発展していきます。人は、「一生懸命働いて頑張ったから、お店が繁盛して当然よね」と思います。

しかし、同じ町内に住む若者が、このお店から定価150円の和菓子を交渉して安く仕入れ、パソコンでカチカチやって200円でネットで売ったとします（法的なことはわかりませんので、あくまでもたとえ話としてお読みください）。

「材料厳選！」とか「高級志向の和菓子！」「お茶会で絶賛される！」など上手に宣伝してガンガン売ります。市場は全国ですから、当然、儲けも大きいです。店舗で朝早くから生産し、夜遅くまで働いた人より、ラクしてより多くのお金を儲けます。

でも、これは悪いことではありません。ネットで売る、というアイデアがあっただけのことです。

人は「ンマー！　ラクして儲けちゃって！」と言うかもしれません。

この〝ラクして儲けちゃって！〟と言っている人は、お金持ちになれません。ラクして儲けた人を悪人、不快、と思っているので、こんな悪人にならないでおこう、と魂が思うからです。

やって来る金運を遠ざけようとブレーキがかかります。チャンスがあっても自分から逃してしまうのです。

「そうか、ネットで売るというアイデアがあったか、なるほど〜」という考えの人は、金持ちは悪人という考えで自分を縛らないため、自分にチャンスが来れば、それをつかみます。

自分を縛る考えの力はとても大きいのです。

◉自分の成功を妨害しているのはあなた自身かも

同様に、「そんなん無理やわ」と決めつけると、できません。

「もう年やから、いまから夢を追っても無駄やわ。大きなことはでけへんわ」という方は、スーザン・ボイルさんの例を知っていただきたいです。47歳で冴《さ》えないオバサンから一夜にしてスターになった人です。

スーザン・ボイルさんが47歳という年齢でオーディションに参加したということは、この方には「私、年やから歌手、もう無理やわ」という縛る考えがなかったということです。

高齢で医学部に入学した人とか、高齢になってから画家になった人とか、世間にはそういう人はたくさんいます。

縛る考えがなければ、いくつになっても、どんな道でも開けているのです。

「そんなん、特別な人だけで私には無理」

と思われるかもしれませんが、どんな人でも同じ人間です。人にできることが自分にできないはずはありません。

もしも、私に歌の才能があったら、「スーザン・ボイルさんにできて、私にできないはずがない」と思います。同じ人間なのです。私にもできるはずです。

自分をネガティブな暗示に掛けたり、偏《かたよ》った考え方で縛ったりして、道を閉ざさないことが大切です。自分の成功を一番妨害しているのは、実は自分自身だったりするのです。

神社仏閣を選ぶときのコツ

◉ご加護はたくさんあったほうがいい

願いを叶えてもらう、心を癒す、波動を上げてもらう、神仏を感じる力を向上させる……など、神社仏閣はいろんな恩恵がいただける場所です。行けば行くほど、たくさんのご加護がいただけるようになり、小さな修行にもなります。

どの神社もどのお寺も独自の波動や雰囲気を持っているので、あちこちを参拝すると波動の違いを感じる練習にもなります。

さてそこで、どこの神様仏様に行けばいいのか……と、そこを悩まれる方もいらっしゃるのではないかと思います。

まず、私が書籍やブログで紹介した神社やお寺は間違いないです、と自信を持ってお勧めできます。

「間違ったことは書くなよ」と、これはもう耳にタコができるくらい、あちこちの神仏に言われていますし、空海さんにも、読者の方に誤解をさせたり誤った解釈をさせたりしないよう気をつけなさい、と言われています。

ですので、自分が見聞きした事実は「キッチリ」「正しく」「正直に」書いています。適当に書いて間違えたり、よくわからないのに偉そうに書いたりする行為を、私の活動をサポートしてくれている神仏が許すはずがありません。絶対に怒ります。

そんなリスクを冒《おか》してまで適当なことを書く意味はありませんし、神仏に見放されることがなによりも怖いので、そこは信用していただいて大丈夫です。

私が紹介した神社仏閣でも、自分とは相性が合わない、という場合もあると思います。行ってみて、「合わないな〜」と思えば、無理をせずご自分が合うと思うところに行くのがベストです。私が紹介している神様仏様はちゃんとした神仏ですので、万が一、相性が合わなくても障りなどはありません。

相性が良いという判断基準は、自分が「好きだな」「居心地いいな」と思う、その感覚です。なんとなく感じている第六感は魂が感じているものですので、ある意味、一番正確なものと言えます。

「そういう神社、お寺はすでに押さえているんです。そのほかにも、もっとたくさんの神仏にご縁をもらいたいのです」

と思われる方も多いと思います。ご加護はたくさんあったほうがいいので、その考え方には大賛成です。

◉怨念を鎮める系の、新しい神社は注意が必要

神社仏閣の新規開拓はどうするか、ということですが、ここで難しいのは怖い神社もある、という事実です。

私は2冊目の本『神社仏閣 パワースポットで神様とコンタクトしてきました』にいろんな神社仏閣を載せようと思って、結構あちこちの土地に行ってみました。そのときのお話です。

山あいの長閑《のどか》な田舎道を車で走っていたら、道路の上に神社の名前の看板（標識）が掲げられていました。わざわざ看板を作って案内するということは、そこそこ大きい神社なのかな？　と思いましたが、そのまま通り過ぎました。

通り過ぎた瞬間に、こういう見知らぬところの見知らぬ神社を開拓する、というのはどうなんだろう？　という考えがふと浮かびました。事前に一切調べていない、有

名でもなんでもない、現地で目についた地元の神社に行ってみる、というものです。そこで興味がわいたので、わざわざUターンをして行ってみました。

するとそこは普通の神社ではなく、怨念を持って亡くなったという実在した人物を鎮めるための神社でした。見てみると、その人はまだ神様にはなっていなくて、そのせいか境内にはどんよりと暗い「気」が流れています。

山あいの田舎ですから境内には人っ子ひとりいなくてガラーンとしており、なんとも言えない粘るような重たい空気がまとわりついてきます。うへ～、やばいとこに来ちゃったな、と思いましたが、すぐに踵《きびす》を返すなどという失礼はできません。

自分の人生がいかに悲惨だったか知ってほしい、ということでしたので、その方の人生が書かれたパネルをじっくり読んだりして少しその神社にいました。

たしかに悲惨でひどいことをされた人生でした。私が理解を示すと、境内が少しだけ日が射すような感じになりました。わかってほしい、という気持ちがまだ強いようでした。

太宰府天満宮も元は菅原道真公を鎮めるための神社です。道真公神様のように人々を救う神様になるには時間がかかり、それには多くの信仰する参拝客も必要です。上手にお祀《まつ》りしなければいけないこともあります。そしてなにより、神様になろうという本人の決意とか、神様になるための修行も必要なのです。

この神社の方のようにまだまだ怨念が強いと、その波動を放っています。

ですから、この神社で清々《すがすが》しい気分になることは難しく、人によってはこの怨念の波動をキャッチしてしまうかもしれません。祀られているので、参拝した人に祟《たた》るとか障りが出ることはありません。ですが、波長が同調してしまうと体調に影響が出る人がいると思います。怨念を鎮める系の、それも比較的新しい神社は注意が必要です。

◉心霊スポットになっている危険な神社もある

「〇〇神社」という名前になっているからといって、本当にそこが神域であるとは限りません。

以前、読者の方に「心霊スポットになっている神社があります」とメッセージをいただいたことがあります。

夜、肝試しに知人とふたりで行ってみたところ、参道の階段を見上げた瞬間に全身に凄《すさ》まじい悪寒が走ったそうで、これはやばいとすぐに引き返したそうです。参拝していないのに、数日後にふたりとも小雨の降るなか車で事故を起こした、ということでした。

好奇心で「どれどれ？　どんな神社？」と動画を見たのですが、ここは普通の感覚で言う〝神社〟ではありませんでした。神様はいません。鳥居が設置されているし、建物には御幣《ごへい》をつけた縄が張り巡らされていて、形としては神社なのですが、そこは神域ではありませんでした。

動画を見たあとは、なんだか気分が暗く、どんよりとした重たい気持ちになりました。その夜……深夜のことです。

大音量のラップ音で目が覚めました。バシッ！　バシッ！　とすごい音です。こんな大きなラップ音は何十年ぶり？　というくらいで「まずいな、これは」と思いましたが、眠気に勝てず、とりあえず真言《しんごん》を唱えました。すると、音がピタリと止まったので、ホッとして、また眠りにつきました。

しばらくすると、今度は思い切り体を揺さぶられて、起こされました。横向きに寝ていたのですが、なにかが私の体をつかんで前後に強く揺さぶるのです。ラップ音も再び鳴っていました。本格的に危ないと気づき、お不動さんと多聞天《たもんてん》さんに来てもらって、私の周りにいるものを祓《はら》ってもらいました。

部屋の中が清浄になったところで、お不動さんが示すところを見ると道ができています。動画を見たのはノートパソコンだったのですが、そのノートパソコンから道が出ているのです。

お不動さんはその道を火で焼いてくれて、心霊スポットの神社と私の部屋との道を断ち切ってくれました。

これは動画を見ることで道ができてしまったせいですが、動画でこれだけの影響を及ぼすところです。うっかり行くと危険な場所だと思います。俗に言う〝心霊スポット〟であるのに、「神社」という名前が付いているのです。

◉大きな神社はまず大丈夫

このような場所と知らずに行って繋がりができてしまった場合、その繋がりを自分で断ち切れる人は大丈夫ですが、切れない人は小さな神社を開拓する冒険はしないほうがいいかもしれません。

兵庫県姫路市の廣峯《ひろみね》神社にいる牛頭天王《ごずてんのう》に言われました。

「鳥居やお社《やしろ》は〝人間が〟作ったものである。鳥居やお社があれば神がいると思うだろうが、人間が神だと思い込んで建てたものもあり、中に神がいるとは限らない。いろんな種類のものがいる、気をつけたほうがいい」

そこを考えると、大きな神社はまず間違いないと思います。まれに神様がいない大きな神社もありますが、いないだけで危険はないです。有名な神社とか人がたくさん参拝している神社とか、神職さんが常駐している神社も、ほぼ大丈夫と言えます。

ここで先に言っておかなければいけないのは、逆も真なり、ではありません。有名じゃない神社はダメ、人がたくさん参拝していない神社はダメ、神職さんがいない神社はダメ、という話ではないのです。

実は、あまり人が行かないような場所にある、小さな神社にすごい神様がいたりするわけですが、それは自分の感覚を高めてから探したほうがいいと思います。

なんだか嫌な波動、というのが感覚でわかるようになるまでは、開拓はリスクが高いのでもう少し待って、能力を上げてからにすることがお勧めです。

お墓と納骨について、私の考え方

◉お墓参りは必ず行かなくてはいけないか

お墓については、宗派や土地によって作法が違いますし、人によって考えもいろいろだと思いますので、「ふ〜ん」という参考程度に読んでいただきますようお願い致します。

お墓参りは行かなくてはいけないのでしょうか……というのが、多くの方の悩みになっていると思います。

私は、どちらかといえば行ったほうがいい、くらいの考えです。仏壇の中に入っている位牌《いはい》に話しかけるのと、お墓で話しかけるのとでは、断然後者のほうが届きやすいからです。逆に、ご先祖様からのメッセージも、仏壇よりもお墓のほうがストレートにスパーンと伝わってきます。行けるのであれば、お彼岸に行くのが一番いいと思います。

遠くて行けないような場合は、行かなくても全然問題ありません。ご先祖様はそういう事情もちゃんと知っているので、行かなくてもバチが当たることはないです。

ただし……それは、だれかがお墓を定期的に訪問し、清掃している場合のみ、です。だれもお墓を訪れる人がいなくて、汚れっ放しの場合は、行かないと障りが出ることもあります。

それは祟りとか、そういう恐ろしいものではなくて、お墓に来てキレイにしてほしい、というご先祖様の切実なお願いの表れです。

どうして障りとして表れるかというと、優しい現象を起こすなどのほかの手段では、人間は深刻に考えずそれがお墓のSOSだとは気づかないからです。というか、気づこうと努力をしないからです。

痛いとか苦しいとかつらい状態になれば、人はそこから抜け出したいのでいろいろと考え、人の意見を聞いたりして、結果としてお墓のことに考えが行き当たって気づくわけです。

私はもう15年以上、父方も母方もどちらのお墓参りもしていません。

「それは、××家を出てほかの家に入ったから行かなくても大丈夫なのでは？」と言われそうですが、長男である父も5〜6年行っていないと思います。私の実家からお墓のある場所までがとても遠いのです。でも父の弟である叔父が、定期的にお参りをしてお掃除をしてくれるので、長男が行かなくてもなんの問題もありません。母のほうもそうです。叔母が時々お参りをしているので、長女である母が行かなくても大丈夫なのです。

◉お墓が汚れていると体に不調が出ることも

だれもお墓のお世話をしていなくて草ボーボーだとか、墓石が傾いているとか、汚れまくっているなど、打ち捨てていると障りが出る可能性があります。ですので、そういう場合は無理をしてでも一度行ったほうがいいです。どれくらいの期間放っておいていいのかは、中に入っている人の性格によるので、一概に言うのは難しいです。

私が子どものころ、近所に住んでいた人が、「ここのところ頭痛が激しくて目も見えにくい」と病院で検査をしました。でもどこも悪くないと言われていました。しかしその状態は長く続き、何度も精密検査をしましたが、いつも異常なしで原因はわからずじまいでした。

そんなときに、たまたま故郷にあるお墓を移動させることになり、古いお墓を掘り起こしたそうです。すると、骨壺《こつつぼ》のフタに汚れた水が溜《た》まっていて、水は壺の中にまで入っていたということでした。ご先祖様がなんとか気づいてほしい、と体に不調を引き起こしていたのです。

ちゃんと処理をしたら、頭痛も目の異変もすっかり治り、「不思議なことがあるものだ」と話していました。

お墓参りに行ったら、墓石と周囲のお掃除は必ずしたほうがいいです。それから故人の好きだったものを持って行くと喜ばれます。お饅頭《まんじゅう》だとか、お酒や、たばこなどです。食べ物は包みを開けて、実際に食べられる状態にしてからお供えします。お酒もフタを開けて飲めるようにし、たばこは火を付けてからお供えをします。

手を合わせて、お参りが終わったら、お供え物はすべて持って帰ります。そのまま置いておくと、無縁仏がそのお供え物に群がるため、置いて帰るのはNGです。ほかに特別な作法はありません。

お墓参りはお墓の手入れがされていれば、行かなくても大丈夫ですが、なぜか「行かなきゃ」と思ってしまうのなら、それは来てほしいと呼ばれているので、行ってあげたほうがいいと思います。

◉納骨のタイミングは四十九日の法要がベスト

納骨についての質問も時々もらいます。お骨を家に置いているのですが、これはどうなのでしょうか、というものです。

正直に言いますと、納骨は四十九日の法要で、というのがベストだと思います。四十九日の法要が過ぎたら、一日も早く納骨してあげたほうがいい、というのが私の考えです。

愛する人に先立たれて、残されたご家族の方は大変おつらい気持ちでいらっしゃるのはわかります。心の整理がつくまで、一緒にいたいと考えるのも当然だと思います。ですが、お骨を家にいつまでも置いておくのは、〝亡くなった本人〟にとってはいいことではないのです。

お骨をお墓に入れないからといって、さまよう幽霊になったりはしません。しかし、仏の道を歩む準備ができているのに、そこから先へ進めない状態のままずっといさせる、という少しかわいそうな仕打ちになってしまうのです。

これは亡くなった本人には、結構つらいです。

ですから、この状態が長くなれば「ワシ、もう仏の世界に入りたいねんけど〜」「墓に入れてくれ〜」と、亡くなった人はなんらかの信号を送ってきます。

夜中に仏壇から音がするとか、仏花がすぐ枯れるとか、故人がなにも言わずに夢枕に立つ、とかです。

仏の道を歩む準備中のままで止まっている、ということは、死んだときの状態のまま、ということです。亡くなった方は早く仏の世界に入って、そちらの一段高いところから、残してきた家族を守りたいわけです。死んだときの状態のままでは守る力がないからです。

ですので、お骨を家に置いておくのはどうなのでしょう? という質問には、一刻も早く納骨して差し上げたほうがいいと思いますよ、というのが私の意見です。

◉納骨できないときは「辛抱してくれてありがとう」の一声を

これは先日聞いた知人Aさんのお話です。

Aさんは父親の遺骨のことでとても悩んでいました。父親は亡くなって、もう2年以上がたっていますが、お骨はまだ家に置いたままなのだそうです。

私はそれを聞いたときに、うっかり「えーっ！　そんなに長く!?」と言ってしまいました。私の感覚では驚くほど長い期間なのですが、死後の事情を知らない人は、亡くなった方がひとり寂しくお墓に入るよりは家で家族と一緒にいるほうが幸せだろうと考えるみたいです。

「やっぱりお墓に入れたほうがええんかな」とAさんは言っていましたが、故人の妻であるAさんの母親がお骨をそばに置いておきたい、いつまでも一緒にいたい、と言っているとのことでした。

母親は、自分が死んだときに一緒にお墓に入れてほしい、と言うのだそうです。Aさんは「お母さんの気持ちもわかるけど、これって、どうなんやろなぁ……お墓に入れてあげたほうがいいんやろか」と悩んでいました。

〝悩んでいる〟ということは「もしかしてこの状態は良くないのでは？」と、Aさんはすでに直感でわかっている、ということです。

そこでちょっと突っ込んで聞いてみました。

「それって、お父さんからお墓に入れてほしいっていう知らせとかはないの？　なんかよく聞くやん？　たとえば、夢に出てきたとか、突然電気が消えるとか、お線香をたいていないのにお線香の香りがするとか、そういう不思議な現象」

Aさんは「そんなの全然ないよ」と言いました。

えー！　そうなんだ！　と驚きました。大変珍しいからです。

普通だったら、あの手この手でわかってもらおうと意思表示してくるものなのに、不思議だな、どうしてだろう？　と思っていたら、そこで一瞬、Aさんの父親が見えました。柔和な笑顔でニコニコしています。

妻を大事に思っているので、妻がお骨と一緒にいたい、というその気持ちを、自分の成仏より優先しているのでした。死んだままの状態で長く待つのはしんどいはずなのに、ニコニコしているのです。遅れて成仏することも、まったく気にしていません。

その状態のままでいさせることが、亡くなった本人にとってしんどい、ということを妻は知らないわけですから、妻に悪気はないわけです。

「いいよいいよ、お前が亡くなるまで待つよ、そして一緒にお墓に入ろうな」という優しい思いと愛情が伝わってきます。

愛ってすごいなぁ、こういうケースもあるんだな、と勉強になりました。

もしもまだ納骨する決心がつかなくてお骨を手元に置いている方は、「辛抱してくれてありがとう」と一声掛けておくと喜ばれます。

お墓の準備ができなくてお骨を置いている場合も、亡くなった方は経済状況などを理解して我慢してくれているので、やっぱり一声掛けておいたほうがいいと思います。

神社での願掛けを不安に思う方へ

◉スピリチュアルの世界で道に迷わないために

ブログによくいただく質問で、

「神社では願掛けをしてはいけないと聞きました」

「神社では感謝しかしてはいけないそうです。お願いをしてもいいのですか？」

というものがあります。


神社の神様と、人間との関係は〝見えない世界〟でのことです。見えないだけにいろいろな意見や考え方があります。どの宗教にも解釈の仕方が違う宗派がありますが、それと同じで、神社の神様に対しても考え方の違い、感じ方の違いによって接し方も変わってくると思います。

見えない世界に関しては、

「どれが正しいの？」

「だれが言っていることが本当なの？」

とあれこれ放浪し始めると、迷路に入り込むように思います。

仏教にもいろいろな宗派がありますが、どれかひとつが正しくて、残りはすべて間違いということはありません。キリスト教にしても考え方や解釈の違いで、いろいろな宗派があります。要は「自分が」どの宗派と合っているか、ということなのです。基本は「自分の感覚」です。

ですから、自分が神社で感謝しかしてはいけないと思うのであれば、感謝だけの参拝をし、お願いをしてもいいと思うのであれば、願掛けをしてもいいのです。

あの人はこう言っていた、それなのにこの人は違うことを言っている、さらにこっちの人はまた違うことを言っている、一体どれが本当なの？　というふうに、スピリチュアルの世界は道に迷いやすい分野と言えます。

「Aさんというスピリチュアルな人のブログには○と書いてあったのに、同じくスピリチュアルなBさんのブログには×と書かれていました。どっちを信じたらいいのでしょうか？」というような内容のメッセージもよくもらいます。

読んでいて、この方は純粋な人なんだろうなぁ、と思います。すべてを信じようとするとどうしても無理があり、このように悩みが生じるのではないでしょうか。

純粋な心根は大切です。だれもが持っているものではないからです。でも、ひと言だけアドバイスをさせていただくと、それは〝神様や仏様を信じる〟という方向にのみ、向けたほうがよろしいかと思います。

人間はいろいろです。疑うのではなく、人間だから間違った内容を書いている人がいるかもしれないという、距離を置いた目で見ることも時には必要かもしれません。

そして、私がずっと言い続けてきたように、最終的にはご自分の直感で判断されるのが一番です。

霊能者や占い師、スピリチュアルな肩書を持つ人に頼って決断をしてもらっていると、大切な自分の直感能力が衰えてしまいます。もっと自分を信じることも大切かなと思います。

◉神様は願掛けされることを喜んでいる

願掛けに関して言えば、山岳系の神様も、神社にいる神様も、人間のことが大好きです。人間の面倒を見ることも仕事のひとつ、とお考えです。

眷属がたくさんいる神社や、修行をしている神様見習いが多い神社などは、多くの人に参拝してもらって願はたくさん掛けてもらいたい、というのが実情です。

神様を心から信じて願を掛け、叶ったらお礼に行く、叶ったことによってますます信仰心が深まり、そしてまた願を掛けに行く……という繰り返しによる、なんという か人々の信仰心の強まりが神格を上げる、という場合もあります。

もしも、神社で願掛けをしてはいけないのであれば、「祈禱《きとう》」の制度はおかしい、ということになってしまいます。神社では、家内安全、交通安全、合格祈願、安産、病気平癒など、社務所で申し込んで神職の方に祈禱をしてもらいます。お願い事を書く絵馬の販売もしています。

お願いをしてはいけないのであれば、神社は純粋無垢《むく》な、ピュアに神様を信じている人から、〝お金を取って〟してはいけないことをしていることになります。それは神様を利用した商売になってしまいますから、その状況を神様が黙って見ているはずがありません。してはいけないのでしたら、絶対に怒ります。

全国の神社が普通に祈禱をしているということは、神様がそれをオーケーだと言っているということです。つまり、願掛けは普通にしていいのです。

というか、人間の面倒を見たいという神様もいらっしゃるくらいです。ですから、願掛けはしても一向に構いません。

逆に言えば、願掛けはしなければいけない、というものでもありません。「感謝だけにする」という参拝もいいと思います。「お話だけをしに行く」という参拝も喜ばれます。

私は特別にお願いすることがないときや、願掛けを叶えてもらったあとでお礼にこまで来られないというときは、「こんにちは、初めまして」のご挨拶と自己紹介だけをしています（つまり、感謝もしていない参拝です）。

神様への、心の中での接し方に特別なルールや決まりはありません。ブログやほかの本にも書いているのですが、信仰とは〝神様と自分〟〝仏様と自分〟だけの世界を言います。

願掛けはしてもいいですよ、と識子さんは言うけれど、私はダメだと思う、のであれば自分の直感が優先ですから、感謝だけの参拝にしたほうがいいです。自分にとってこれが正解、と思う方法が一番なのです。

心の中での接し方は自由です。願掛けをしようが、感謝だけにしておこうが、挨拶だけですませようが、しゃべくり倒して帰ろうが、そこに決まりはありません。神様と自分、という信仰の中ではだれもが自由でいいのです。

波動の低い行為をしない

◉悪口を持ちかけられたらどうするか

波動の低いこと、と言ってもいろいろあります。

人を騙《だま》すとか、裏切るとか、差別するとか、だれがどう考えてもそれは波動が低いよね、ということは皆さんしないと思います。同じく、盗むとか、殺す、暴力をふるうなど、そういう大きなしてはいけないこともだれでもわかります。

問題は、ちょっとくらいならいいかな？　と思ってしまう小さなことです。

社会生活をしていくうえで、皆さんが悩まれるのは悪口を言ってしまう、ということではないでしょうか。これも自分から積極的に言うつもりはなくても、付き合いがあって仕方なく……という方がほとんどだと思います。

◉トイレで聞こえた、悪口のナイスな回避法

レンタカーで遠出をし、高速道路のサービスエリアのトイレに入ったときのことでした。朝でしたので、私がトイレに行くと、女性の方がふたりでお掃除をしていました。私が入っても、ふたりは会話をやめることなく作業をしていました。

会話の内容は同僚の悪口でした。

ダミ声のオバチャンが、「あの人、こうやろあああやろ、ホンマ性格悪いわー」と具体的に文句を言うと、細い声のオバチャンが「うん、うん、わかるわー」と一生懸命相槌《あいづち》を打っていました。

話の内容から、ダミ声さんはボスっぽく、細声さんは子分のようでした。

ダミ声さんに睨《にら》まれたら、きっとここの職場ではやっていけないんだろうな、と聞きながら細声さんの苦労を思いました。

「アンタはまだわからへんやろけど」というセリフがダミ声さんから出たところをみると、細声さんはダミ声さんほど社歴が長くないようです。細声さんはダミ声さんに悪く思われないよう必死で気を使っている、そんな印象を受けました。

細声さんは、「わかるわぁー」と同意を示しているものの、自分からは悪口を言いません。ダミ声さんの悪口はさらにエスカレートしていきます。

あの人がこんなんしてたから私がソレあかんやんって注意したら開き直って私に嚙《か》みついてきよった、ちょっとアンタこれどう思う？　と言いました。質問形です。

私はトイレの中で、「ひゃー、来た来た、これは逃げるのが難しいパターンなんだよね」と思いました。こういうとき、言わないように頑張ってきた悪口を、泣く泣く言うハメになったりするのです。

すると細声さんは、間髪を容《い》れずに、

「私！　○○さん（↑ダミ声さんのことですね）にどこまでもついて行くよ！」

と言いました。

「おぉ〜」と、私はトイレの中で用を足しながら、思わず拍手をしそうになりました。ナイス返答です。

こう言われて、「質問の答えになってへんやん！」と不愉快になる人はいないと思います。悪口を言わずにすんで、なおかつダミ声さんの味方であることを主張したわけです。細声さん、やるなぁ、と思いました。

案の定、ダミ声さんはうれしそうな声になり、

「そない言うてくれたらうれしいわぁ」

と照れている様子でした。

ああ、よかった、丸く収まって、とホッとしていたら、さらに細声さんは声を張り上げました。

「だって！　私〇〇さんが好きやねん！　ホンマ好きやねん！」

「…………」↑ダミ声さん
「…………」↑私
そ、それは言い過ぎでは……。

シーンとなったので、本人も「あれ？　私、やっちゃった？」と思ったらしく、

「変な意味ちゃうよ～、そんな趣味ないから～」

と付け加えていました。

「60過ぎて女が女に好きとか言うの、おかしいかもしれへんけど、〇〇さんホンマええ人やしー」

細声さんはお世辞とか、持ち上げる目的で言ったのではありません、本心なんです、

ということを言い訳していました。

ダミ声さんは、まんざらでもないようで、

「そんなん言うてもらえたらうれしいわ〜、ありがとな」

と上機嫌になっていました。そして、そこから先は悪口ではない自分の息子の話を始めていました。

いい人、と言われたせいで、さすがに悪口は続けられなかったみたいです。

悪口は言いたくない、けれども仲間外れにされても困る、という状況は世間にはたくさんあると思います。ボスが悪口好きなら、悪口を言わないでそのグループにいるのは難しいのもわかります。この細声さんもそうですが、みんな苦労してるんだなぁ、と思いました。

◉正面から諫めるのはお勧めできない

私は以前に、大勢の女性が働く職場でパートをしていました。その当時、同僚3人で食事に行ったときのことです。

Aさんが、その場にいないBさんの悪口をずっと言っていました。

私ともうひとりの人は、そうか、そうなのね、それはしんどいね、みたいに聞いていました。でもBさんを含めた4人で食事に行くことも多く、私ももうひとりの人もBさんが嫌いではありません。

帰るときまでずっと悪口を言いっ放しだったAさんに、もうひとりの人が言いました。

「どうしてそんなにBさんの悪口を言うの？　Bさんは私たちにAさんの悪口を言ったことは一回もないよ？」

このひと言で、Aさんは翌日から元気がなくなり、付き合いもしなくなり、間もなく辞めていきました。

悪口を諌《いさ》める、というのもこれはこれで難しいです。正面切って言うと、人格批判になる怖れがあるからです。

それに悪口を言う人には、悪口を言う自由があるわけです。良いか悪いかは別にして、人はそれを「するか」「しないか」を自分で決める決定権＝自由、があるのです。ですから、他人が〝言っちゃダメでしょ〟と偉そうに禁止するのは僭越《せんえつ》な行為とも言えます。

◉悪口を言わないための工夫あれこれ

こういうときは、「私は悪口を聞くのが苦手です」というさりげないアピールをするといいかもしれません。

ほかの話題だとゲラゲラ笑って盛り上がるのに、悪口のあいだは静かにうつむいてしら～っとなっている、という状態を続ければ、言っている本人もわかってくると思います。

これは私が介護サービスに伺っていた利用者さんの例ですが、最初のころはずっとお嫁さんの悪口を言っていました。

私は「へぇ～」「そうなんですか～」「なるほど～」と聞くことは聞いていましたが、悪口が話題のあいだはこちらからはしゃべりません。もちろんテンションも低いです。でもほかの話題になると、一気に明るくなってガンガンしゃべりゲラゲラ笑います。

何回かそういうパターンを経験すると、利用者さんは、この人は人の悪口を聞くのが嫌なのだな、と理解してくれます。その後は悪口を私に言うことはなくなって、いつもたわいない話で盛り上がって、ふたりで笑っていました。

しかし、相手が同僚となるとこううまくはいかず……難しいです。

その人が精神的に追い詰められていたりもするので、もうちょっと親身になって聞いていました。

「ああ、そっか～、そんなことがあったんやね」「知らなかったわ～」「そこはわかるわ～」みたいな感じです。

悪口の雰囲気になったら、人のことを言わないために自分の家族の話をする、という方法を使って、子どもや同居している義父や義母のことばかり話していた人もいました（もちろん陰口ではなく、お義父さんが老人会で陶器を作ったとか、そういう日常の話です）。

悪口の問題はこうしてなんとか工夫をして乗り切らないと、つい一緒になって言ってしまい、あとで自分が嫌～な気分になってしまいます。そしてせっかく上がっている霊格までちょっぴり落としてしまうのです。

◉イライラして人に当たるのは波動が低い行為

ほかにもうっかりやってしまう波動が低いことは、イライラして人に当たる、です。

なにか〝別のこと〟で腹が立ったり嫌な気分になったりしていて、罪がない子どもや夫、妻に当たってしまうのはよくあることですが……良くないです。部下や後輩、年老いた親に当たるというのもありそうです。

ムカつくことがあったのは自分だけの問題で、自分の内部で解決すべきことです。それなのに、腹が立ってイライラした感情……つまり黒くて良くない感情を、なんの罪も落ち度もない子どもや夫・妻にぶつけるのです。

ぶつけられたほうは、ごく普通に、たまたまそこにいただけなのに、とても悲しい気持ちや嫌な気分にさせられます。これがいかに波動が低い行為か……考えればすぐにおわかりになると思います。

心穏やかに機嫌よく過ごしている人を、自分だけの一方的な都合で、嫌～な暗い気持ちにさせてしまうわけですから、これはついうっかりでもしないほうがいいです。意識してやめることをお勧めします。

◉不倫で傷つくあなたを守護霊やご先祖様は心配している

不倫もできればしないほうがいいと思います。

これを読まれている人の中には、もしかしたら現在不倫中の人がいるかもしれません。良くないと知りつつ苦しまれているだろうと思います。自分を責める苦しみ、罪悪感、あるいは相手の配偶者への嫉妬など、きっとボロボロになっていることでしょう。そのような方には、一度「自分」という存在を外から見つめ直してみることをご提案致します。

人間には、真っすぐに生きるよう、一生懸命導いてくれている守護霊がいます。

この守護霊は親の愛どころではない、ものすごく深い愛情を持って導いてくれています。本人以上に自分を愛しているのではないか、というくらいの愛情です。生まれる前から面倒を見てくれていますので、守っている人のことが大切で大切で仕方ありません。

さらに亡くなったおじいちゃんやおばあちゃん、ご先祖様も愛を持って見守ってくれています。こちらも大変心配しています。大事な孫、ひ孫だからです。赤ちゃんのときから、その成長を目を細めて見てきています。

親が亡くなっている方は、大事な娘・息子ですから、心配度もアップします。

幼いころから参拝している神社の神様や、お寺の仏様も、実は自分が気づいていないだけで、ご加護をくれていることがあります。

人生を振り返れば、たまたま運が良くて救われたとか、偶然助かったとか、よく考えたらあれは不思議だったなー、ということがあるかと思います。それは神仏にご縁をいただいている証拠です。このように、本人は気づいていないかもしれませんが、実は多くの崇高な見えない存在がとても心配して見守っています。たくさんの愛で包まれているのです。

そのように多くの優しい愛情に守られた自分は大切な存在であり、不倫という行為で自分が傷つけるのは良くないように思います。

ここで述べたことのほかにも、たとえ小さなことでも波動の低いことはなるべくしないことをお勧めします。

波動の低い感情を持たない

◉人を見下す感情は霊格を一気に下げる

波動の低いことはしない、と同じように「波動の低い感情を持たない」というのも大切です。

前述しましたように、女性がたくさん働く職場にいたときのことです。

Cさんは明るくて朗《ほが》らかな性格でしたが、Dさんのことが嫌いでした。Dさんも同じような性格で悪気がない良い人でしたが、考えずにものを言うところがあり、よく失言をしていました。

たとえば、暗い色の口紅をつけてくると、「どこのオバサンかと思った〜」とか、お菓子をたくさん食べていると、「また太るで〜」とか言うのです。

悪意がないことはわかっていますから、気にしない人がほとんどでしたが、Cさんはいちいちムカッときていたようです。

そしてDさんがいないところでこう言っていました。

「あの人、魂の年齢が幼いから仕方ないのよね〜」

「魂がまだ幼稚園児くらいだから、大目に見てあげなきゃね」

どうしてDさんの魂が自分よりはるかに幼いと確信を持っているのか疑問でしたが、Cさんはそれを言うとスッキリするみたいでした。これは良くないと思います。人を見下す感情は一気に霊格が下がります。見下すだけでなく、そこに自分のほうが上だわ、という優越感も混じるとドーンと霊格は落ちます。

霊格が落ちるだけなら、またせっせと頑張って上げればいいのですが、実はこの心の動きは見逃してもらえません。優越感が混じった、人を見下す感情は絶対に自分に戻ってきます。

のちのち同じような立場になるか、もしくは見下した相手が自分より優位に立って悔しい思いをする日が必ず来ます。

たとえば、ママ友グループの中に自分と人気を二分するライバルがいたとします。負けたくないそのライバルの持ち物はノーブランドの安物です。反対に自分は有名高級ブランドのバッグや財布を持っています。

ランチなどのお勘定の場で、ライバルが自分のお財布をチラッと見たときに「勝った！」と心の中で思います。コレ、芸能人の○○さんと同じ物なの、アナタには買えないでしょ、フフフ、と優越感に浸ってライバルを見下していると……。

数年後、バッグやお財布が古くなってヨレヨレになり買い替えたくても、高級ブランド品が買えない経済状態になっていたりします。ノーブランド品しか買えない、というわけです。

そんなときにライバルが新築の家を購入し、そのピカピカのおうちに招待されて、敗北感やみじめな思いをかみしめる……ということになったりもします。

こういう部分での絶対神の矯正は怖いくらいとても厳しいのです。もちろん、見下した時点で霊格も相当下がっていますから、その分、神仏からも遠くなっています。

◉他人の失敗を喜ぶ気持ちは意識して手放す

同じように波動の低い感情には、人が失敗するとうれしい、というものがあります。こちらは職場などに多く存在する感情です。だれかが失敗すると、ことさらに大きな声でそれを周囲にわからせようとアピールする人がいますが、良くないです。

たとえばなにかの書類で、後輩がお客様控えをうっかり持って帰って来たとします。それを見つけた先輩が、

「えっ！　これ！　控えまで持って帰って来ちゃった？　あーあ、アカンやん、お客さんとこまで返しに行ったほうがええわ」

と、いつもよりも大きな声で言います。周りの人に聞こえるように、この人、失敗してますよ〜、とアピールするんですね。

そこには、人が失敗してうれしい気持ちが入っています。なぜなら、失敗すると後輩の評価が下がって、相対的に自分の評価が上がる、と勘違いしているからです。冷静に考えればそんな図式は成り立ちませんが、そういう気分になってしまうのでしょう。

そして、うっかり持ち帰ったお客様控えは、郵送でも十分なのに「それアカンやろ、なるべく早く持って行かなアカンやろ〜」などとちょっぴり意地悪も加えたりするわけです。波動の低い感情に支配されてしまうのですね。

してやったり！　と人の裏をかくと気持ちがいいとか、ネットなどで悪口を書いてスッキリするとか、そういうものも波動の低い感情だとおわかりになると思います。

悔しい気持ちをスッキリさせたいとか、負けたくないという気持ちもわかりますが、波動の低い感情は意識して手放したほうがいいと思います。

第4章

プチ修行をやってみました

写経

◉京都・法住寺での写経

自宅ではなく〝お寺〟での写経を体験するために、いつ行っても写経をさせてもらえるとネットに出ていた（2015年当時です。現在は予約が必要となっています）、京都・三十三間堂の横にある「法住寺《ほうじゆうじ》」に行ってみました。

高野山の宿坊や信貴山《しぎさん》の宿坊などで写経をしたことはありますが、それも随分前の話ですし、当時は神仏関係が「わかる能力」も低かったため、今回改めてチャレンジしてみようと思ったのです。仏様の前でする写経というものにも興味がありました。

法住寺は伽藍《がらん》がたくさんあるような大きなお寺ではなく、こじんまりとしたところでした。表から見ると、お堂を修理した木が新しいので、比較的新しいお寺なのかなと思いましたが、歴史があるお寺でした。

写経の申し込みをすると、係の方がまず仏様の説明をしてくれます。本尊は木造の身代り不動尊です。平安時代の仏様だそうで、ここで行った写経はこのお不動さんの台座の中に入れてもらえるというお話でした。

本堂の次の間には、四十七士の像がずら〜っとあります。内蔵助《くらのすけ》さんが山科《やましな》にいるときに法住寺に定期的に参詣《さんけい》していたらしく、「そのご縁で……」と係の方が言っておられました。

さらに奥へ行くと、阿弥陀如来《あみだにょらい》様のいる広間があります。その広間の縁側で、美しいお庭を見ながら写経をします。もちろん筆で書きます。

写経は〝行〟なので、正座をして書いてください、足が痺《しび》れたら休憩しても構いません、足を崩したときは書かないでください、書くときはまた正座をしてください、という注意がありました。

係の人の説明は簡略で要点のみなので、わかりやすかったです。説明を終えると係の人は受付に戻られ、広間には私ひとり、という状態になります。

庭の木々を眺めて心を落ち着け、明鏡止水《めいきょうしすい》の心境で書き始めました。

心が静かだったのは最初の5秒くらいで、修行が足りない私はすぐに雑念だらけになりました。筆先が割れるなーとか、墨はもうちょっと少なくてよかったのでは？

とか考えてしまうのです。

少し力を入れて書くと、太字でぶちゅっとなるので、うわぁ！　失敗したぁ！　となり、じゃあ、力を抜いてサラサラ書けばいいのでは？　と、そうすると今度は筆先が微妙にぶるぶる震えてガタガタの字になり、ぎゃー！　最初っからやり直したいー！　と心の中で叫んだりしました。明鏡止水どこへやら、です。

途中で字がよくわからなくて、紙をめくってお手本を確認してみたり、庭の緑が美しいなーと見とれたり、「足が！　限界～」と天を仰いだり、雑念で忙しかったです。

〝行〟なのだから、途中休憩は入れずに書こうじゃないか、とカッコイイことを考え、頑張って仕上げました。休憩を入れずに書けば、1時間程度正座のままですので、足の痺れが半端ないです。私の場合、体が重たいせいで余計に影響があって、痺れが消えるまでのあいだ1ミリも動けませんでした。

しかし、不思議なことに、雑念を持ちつつも、書いているあいだはちゃんと字の順番で般若心経《はんにゃしんぎょう》を唱えています。書き終えると、そこには自分が唱えた、自分から出た、ひとつのお経が目に見える形で机の上にあります。確実に私が世に出した般若心経です。

写経は「為」と書かれた下にお願いを書くのですが、私は知人の平癒祈願を書きました。

◉写経は千羽鶴と同じく、人の「為」になる

すべて書き終えて、じーっとその用紙を見ていると、写経の仕組みが見えてきます。もちろん修行という部分が大きいのですが、そればかりではありませんでした。

写経で世に出したひとつの般若心経は、とても小さいものですが、確実にその願いを叶えるパワーのひとかけらになります。口で唱えるよりも、もっと形としてお経を作るというか、力を生み出すというか、お経の力を現実にする感じです。

小さいながらもこの力を「為」という願掛け実現の……イメージとして、建設物の基礎の1個に使います、というものです。

写経は心を無にしてひたすら書くという修行であり、それに加え〝だれかの為に〟使う小さな力を作るものでもあります。それは亡くなった人へのサポートであったり、病気になった人への回復の力であったりするのです。

身内が自殺をして残されたご家族の方から、なにかできることはありますか？　と

いう内容の質問をたまにいただきます。すぐに成仏するのが難しい自殺の場合は特に、こういう即効で力になるサポートは効果が大きいです。法住寺は写経を仏様に納めてくれるので、見えない世界に大いに作用し、その力が発揮されます。

写経1枚だと、力1個分ですが、100枚書けば100個分の見えない力が働きます。

そこまで見えたとき、法住寺の仏様が千羽鶴を見せてくださいました。ああ、そうか、とそこで仕組みがさらにわかりました。

鎌倉時代や室町時代の昔、庶民は字が書けない人のほうが圧倒的に多かったのです。字が書けない人も、大事な人の病気平癒を願って、もしくは心穏やかな成仏を願って、写経をしたかったと思います。そこで千羽鶴が生まれたようでした。

つまり千羽鶴は、昔、字が書けなかった人のための写経の代わりだったのです。

「良くなりますように」と、心を込めてひと折りひと折り折っていく、もしかしたら真言を唱えながら折ったのかもしれません。

折り鶴の一羽はとても小さなものですが、それが千羽になると力が共鳴して増大し、病気を癒すようです。……ということは、写経も1000枚書けば、そこに書いた

「為」は確実に叶うと思われます。なるほど〜と、とてもありがたいことを教えていただきました。

書き終えて本堂に戻りましたが、係の女性は席を外していました。写経した紙を受付に通じる窓に置いて、本堂の身代りお不動さんにご挨拶をしました。

このお寺では、お不動さんにお供えしたお水をいただけるようになっています。お水は壺に入っていて、柄杓《ひしゃく》ですくってコップでいただきます。志にいくらかお金を入れるようになっていました。もちろん、ありがたいお水をいただいて、法住寺をあとにしました。

写経は、自分の修行にもなりますし、お経を小さなパワーとして見えない世界からだれかにプレゼントすることもできます。素晴らしい仕組みとなっている行なのです。

座禅

◉心身をリフレッシュでき、クリアになれる

プチ修行といえば座禅もポピュラーです。

これも私は〝お寺の仏様の前で〟したことがありません。信貴山や高野山の宿坊でやった経験はありますが、座禅も一度トライしなければ……と京都の勝林寺《しょうりんじ》というお寺に行きました（こちらも予約が必要です）。平日に座禅ができるお寺は少なく、写仏もできるということで、予約を入れました。

座禅の時間は1時間となっていたので、「姿勢がもつのだろうか？」と、前日までとても不安でした。あぐらをかくのは、背中を丸めるからラクなのであって、あぐらで背筋を伸ばしたりしたら、むちゃくちゃしんどいのでは……と思ったのです。

実際はあぐらではなく、結跏趺坐《けっかふざ》（両足首を反対の足の太ももに乗せる座り方）か、半跏趺坐《はんかふざ》（片方の足首だけ反対の太ももに乗せる座り方）をするのですが、それだと

なおさらしんどそうなのです。50分くらいぶっ通しでやるのかな？　無理だったら途中棄権とかアリ？　床でやると足が痛いよなぁ～、などと情けない性格丸出しで行きました。

まず、時間になるとお坊さんの説明があります。仏様について、座禅についてなどの講義です。

実際の座禅は、15分間を2回する、というものでした。2回のあいだに休憩を入れてもらえます。座る場所も、座布団が2枚重ねて用意されていて、小さな座布団のほうにお尻を乗せます。足も痛くないし、15分間があっという間でした。

あっという間といっても、途中で少し眠くなるというか、ふ～っと意識がどこかへ飛びそうになります。そんなときは、警策《きょうさく》で叩《たた》いていただきます。

まず右側の肩から背中部分をバシバシ！　次に左側をバシバシ！　としてもらうと、叩かれたところがジンジンしてきます。でも、そのバシバシの衝撃で、意識が体とキッチリ一致してカチンとはまり、意識だけがどこかへ飛びそう、ということはなくなります。

思ったほどしんどくないし、背筋も無理なくピーンと伸ばしていられます。雑念もわかず、畳の目をひたすらボーッと見ていました。

あ、いや、最初に雑念……わきました。隣に座っていた中学生の男の子の、足が臭かったのです（笑）。

うわぁ！　クッサー！　男の子の足ってやっぱキョーレツやなぁ、と思いました。

この子のお母さんは毎日、「アンタの足くっさ！　はよ洗《あろ》てきー！」と怒鳴ってるだろうなぁ、でもわざとじゃないから仕方ないよなぁ、などと考えました。

その雑念も最初だけで、だんだんどうでもよくなり、すーっと消えていきました。

お坊さんが周囲を歩く、その行為が雑念を払うのです。移動しているお坊さんを目ではなく、心の目で追うからです。

警策でバシバシしてもらう前に、お坊さんと向き合ってお辞儀をするのですが、これがものすごーくいいです。ほかの人がやっているのを見る分にはなんともないのですが、いざ、自分がやると、とっても気持ちがいいのです。

なにがかというと、お辞儀が、です。ただのお辞儀はなんともありませんが、座禅でバシバシしていただくときは、お坊さんに向かって合掌したままお辞儀をします。

この「合掌したままお辞儀をする」と、なぜかスッキリ、スカーッとするのです。

座禅はいいです。心身ともに爽やかになります。精神統一！　とか、瞑想《めいそう》！　とか、小難しく考えずに、ボーッと畳の目を見ているだけでいいのです。

仏様って、結跏趺坐で背筋を伸ばしていてすごいなー、と考えてみたり、あ、やば、私の背中ちょっと丸まってたわ〜、と考えたりしても大丈夫です、スッキリします。

警策でバシバシ！　は少しジンジンしますが、絶対にしてもらったほうがいいです。変なものが憑いていたら、あのバシバシで落ちるからです。

私たちお坊さんではない一般人にとって、座禅は修行というよりも、心身をリフレッシュしてクリアにする行為だと思います。チャンスがあればチャレンジすることをお勧めします。

写仏

◉心のお掃除になる癒しの時間

写経は先ほど書きましたが、写仏も同じようなものかというと、これがまたちょっと違っていました。描き方は一緒です。下にお手本が敷いてあるので、上からそのお手本をなぞっていくと、仏様の絵が描けるというものです。私は勢至菩薩《せいしぼさつ》を写仏しました。先ほど座禅の紹介をした勝林寺で、座禅のあとで写仏体験ができます。

和室に座卓がいくつか並べられていて、そこでするのですが、写経の人と写仏をする人が一緒に座ります。

写仏ってどんなん？　とワクワクして座って、いざお手本を見たら……これがもう細いのなんのって、そういう線がたくさんあって細かくて、最初は戸惑います。

えー！　この線を全部なぞるの!?　と目まいがするくらいの細かさです。１時間では無理なのでは……と暗澹《あんたん》たる気持ちにもなります。

私の場合、1時間で抹茶とお菓子をいただいてピッタリの時間でした。私の隣で描いていた男性は、私が終わって席を立つときもまだ描いていたので、人によっては1時間以上かかると思います。

この写仏という作業は、本当に「無」になれます。写経は一文字一文字、字を追っていくときに心の中で無意識に読経していますが、写仏はひたすら線を追います。無心に、一心不乱に線をなぞっていくのです。

ですから、時間もあっという間にたっています。1時間が10分くらいの感覚です。気づくと紙の上に仏様が描けていて、そこに仏様がいます。その仏様を見た瞬間、「ふぅ〜」と、なんとも言えない癒しが身を包みます。描き上がった仏様を見ると、ものすごく気持ちのいい達成感もあります。

ここでの写仏は仏様に納めてもいいし、小さな袋に入れてお守りにできるようにもなっていました。だれかのために奉納するのもいいと思いますが、平癒祈願など相手に良い作用があるパワーを期待するのであれば、断然写経のほうが力があります。

写仏はどちらかというと、「自分の心のケア」にいいです。1時間、「無」の時間を体験できるからです。このように心を空っぽにするという機会はなかなかないので、心のお掃除ができます。

　心のお掃除はとても大切ですから、まだ写仏をやったことがないという方は、一度体験されてみてはいかがかと思います。

滝行

◉京都・愛宕山麓「空也の滝」で初挑戦

プチには入りませんが、今回、初の滝に打たれる修行もやってみました。

まずどこでするか、を考えました。滝行を体験させてくれるお寺はそこそこあります。

指導者がつくので、初めての滝行はお寺などでするのがいいのでしょうが、いろいろと調べていくうちに、どうしてもそのシチュエーションでやるのは嫌だなぁ、と強く思いました。

指導者に怒られたりもするようで、そういう状況になってしまうと、小心者の私は萎縮してしまって、なにも感じられないだろうと思ったからです。それに決められた短い時間ではなく、心ゆくまで滝に打たれたいとも思いました。

調べていて、ここなら……と思ったところは遠方だったりして、じゃあ、もう滝行はしなくていいか、と思ったときに「空也《くうや》の滝」を知りました。場所は京都の外れ、愛宕山麓《あたごさんろく》にあります。

アクセスが非常に困難なのですが、ここならお寺にも神社にも所属していないし、だれも来ないだろうし、行ってみる価値はあると思いました。

行ってみて、場の雰囲気が良くなくて、やっぱりやめておこうと思えば、やめられる自由もあります。

◉行者が修行するための滝

白装束を準備し（真っ白のTシャツと真っ白の短パンにしました）、張り切っていたのですが、当日はあいにく朝からザーザーと雨模様でした。

ネットで調べた行き方を参考に、清滝《きよたき》の駐車場から橋を渡ってさらに右へと行きます。車1台がギリギリの細い道に入るため、レンタカーは軽自動車を借りました。

林道を走っていると、途中に車2台分くらいのちょっとしたスペースがあります。「車はここに停《と》めて歩くべき」と書かれた情報を読んでいたので、素直にそれに従って車を降りて歩きました。

空也の滝の入口にあたる場所に駐車場はないけれど、軽ならかろうじて1台停められる、ということはネットで見て知っていましたが、実際に行ってみると想像以上の狭い場所でした。月輪寺《つきのわでら》というお寺専用の駐車スペースはありましたが、関係者以外は駐車禁止です。

その日、空也の滝の入口にはすでに1台、コンパクトカーが停まっていたので、もしも車でここまで来ていたら大変なことになっていたと思います。Uターンをする幅がないので、バックで延々と来た道を戻らなければいけなかった、というわけです。「狭い」とサラッと書いていますが、これがもう本当に狭～い道なのです。しかも雨だし、うわ～、危なかった～、と思いました。人の忠告は聞くもんだ、とも思いました。

入口からは小川に沿って登って行きます。この小川道がなかなかいい感じでした。20センチとか30センチの小さな滝がいくつもあって、そこを水が流れて行きます。風情があるなぁ、と歩いていると、10分もかからずに到着します。

手前に民家があって、その横を通り抜けると空也の滝の鳥居がありました。空也の滝は高さもあり、水量も豊富で、「おぉ～」という感じです。

この滝は名前からもわかるように、平安時代中期の僧、空也上人が修行をした滝だと伝えられています。滝のそばには役行者《えんのぎょうじゃ》像や不動明王像などもありました。

この場所は、修行場としての滝となっています。神様はこの滝にはいません。神様がいる神域としての滝ではなく、行者が修行をするための滝なのです。

コンパクトカーが入口に停まっていたので、だれか先客がいるのかと思いましたが、だれもいませんでした。雨はザーザーからポツリポツリと小雨になり、私が空也の滝にいる少しのあいだ、やんだりポツポツ降ったりを繰り返していました。

雨だし、しかもまだ肌寒い季節だったので、このままだれも来ないだろうと思いましたが、念のためラップタオルで体を隠して着替えました。

◉憑いている悪いものだけが落ちていく

裸足で滝に近づくと、氷水に足を浸すような感じで、脳天まで「ひゃー」となります。

頭の中は「冷たー冷たー冷たー」とそれ一色です。しかし滝に入ると、冷たいと思いつつも、なぜか自然と合掌をしていました。そして、意思とは関係なく、口が勝手

空也の滝

にお不動さんの真言を唱えているのです。

「なんだかよくわからないけど、こういう不思議なものが滝行なのだろう」と思っていると、今度は勝手に祝詞《のりと》を唱えます。

人ごとのように言っていますが、これは私が「こうしなきゃ」と意図してやったわけではなく、本当に「なぜか」そのようにしていました。

上から落ちてくる滝の水は痛いです。

体にバチッ！　と当たるとその衝撃で、意識の一部というか、霊体の一部というか、気の中心というか、そういうものが前に飛び出しそうになります。肉体の前面からポロッと出そう！　という感じです。

水は絶えずバチバチバチと当たっていますので、ぼんやりしていると、自分の大事な意識の一部というか、霊体の一部というか、気の中心というか、そういうものが出てしまいます。それを阻止するために、大きな声を出さなければいけないみたいです。

大声を出すことによって、自分の一部が流失するのを踏みとどまらせる、というわけです。こうして自分の内部や霊体をしっかり押さえていると、その結果、憑いている悪いものだけが落ちていきます。

◉滝行で感じたさまざまな危険

「なるほどー」としばらく滝に打たれていましたが、ふと、

「向きを逆にしたらどうなるのだろう？」という疑問がわきました。滝を背にして立つのではなく、滝に向かって水に打たれるのです。

やってみました。

滝行は前方から水が体に当たってもまったく意味がないことがわかりました。というより、この向きでは危険です。背中側の後方から水が当たるせいで、悪いものが前

に飛び出ていくわけです。

逆に前方から水が当たると、悪いものなどをさらに奥へ閉じ込めてしまうことになります。あかんあかん、こっちはあかん、と慌てて正式な向きに変えました。

「イテテテ」「つべたー」「寒ぅ〜」という雑念プラス「滑って転ばないようにしなきゃ」という緊張感も加わって、〝無〟にはなれませんでした。

さらに、ですね、濡《ぬ》れた服が体にペッタリまとわりついて、「気持ち悪ぅ〜」も強く思ってしまいます。

滝に入る前の着替えは、大鳥居の外にある小屋の軒下《のきした》でしましたが、滝から出ると、そこまで行くのが面倒で、滝のすぐそばの狛犬《こまいぬ》のところで着替えました。

足には濡れた土だの木の葉だのがいっぱい付いていて、それを落とすために流れている水に近づいて洗います。そこからのこのこ戻っているとまた汚れるので、足を洗ってその場で拭いて靴下をはかねばなりません。

片足立ちでグラグラとバランスを取りつつ、引っくり返ったら一巻の終わりやなぁ、というかここでの滝行、ある意味つら〜、と思いました。

滝行をこういう更衣室のない自然の中でやるのは、女性の場合ブラジャーと上着の着替えが大変です。雨の日は濡れながらになりますので最悪でした。それともうひとつ、女性の方に言っておかなければいけないのは、もしもここに行かれるのでしたら、この場所は人けのない山の中です。単独行動は危険だということも頭の中に入れておいたほうがいいです。

滝行直後の体感は、学校でやった水泳の授業後に似ています。ホコホコ、サラサラして気持ちいいです。ちなみに髪の毛はボサボサになって、夏でない限り乾くまで寒いです。

◉神域でなければお勧めできない

今回、自分がやってみて言えることは、修行場の滝でする滝行はお勧めできませんということです。修行場でやるのであれば、指導者がいるお寺にするべきだと思いました。

というのは、修行半ばで亡くなった修験者がまだそこここで行をしているからです。水を飲みに集まって来る霊などもいますし、他人が落としていった良くないものもそのままそこにいたりするので、しっかりとそういうものが祓えなければ、修行場の滝はやめたほうがいいです。

私が最初に無意識で唱えたお不動さんの真言、あれは「場」の「魔」を祓って、自分の周りの空間を清浄にするためでした。あとからわかったことですが、私についている神仏がそうさせてくれたのです。

空間を清浄にして「魔」が寄り付かないようにしなければ、うっかり自分の一部がポロッと前に飛び出てしまうと、滝から出た瞬間に、その隙間に良くないものがスッと入る可能性があります。亡くなっている修験者が憑くこともあります。

ですので、滝行をする人は、最低でもお不動さんの真言はいただいておくべきだと思います。

祝詞は滝の水を神々しくするためのツールでした。

神様が常時いるような滝は、すでに水は聖水ですからそのままで構いませんが、修行場の水は聖水ではありません。そこで、こうして水質を高めるわけです。

合掌するポーズ、これも重要です。

もしも合掌せずに手をぶらーんと下げて滝行をしても、神々しいものはそのまま流れていきます。自分の体、および霊体にとどまらないのです。水道管に水が流れるがごとく、ダーッと流れる、それだけです。効果も恵みも引っ掛かりませんので、自分の体に引っ掛かるように合掌をするのです。

滝行は完全に〝修行〟だと思いました。

神仏と繋がりやすくなりたい、とかそういう目的でするものではないです。

たしかに霊感の感度は向上しますが、一回やったからといって格段に飛躍するものでもありません。地道に回数を重ねることが肝要かと思います。

一般人が滝行をしたいのであれば、安全なのは神様がいる神域での滝行です。これなら場はすでに清浄だし、水も聖水です。水を体に流すと、それだけで波動の高い影響がいただけます。

それはどこですか？　と聞かれたら、2冊目の本でご紹介した広島県の大頭《おおがしら》神社です、とお答えします。ここはお勧めです。奈良県の大神《おおみわ》神社後方の三輪山《みわやま》にもたしか、山の中に滝がありました。水量は少なかったですが、こちらも神域の滝です。

生駒山《いこまやま》には岩谷《いわや》の滝があります。ここは常時、強いお不動さんが守っていますので、場が清浄です。悪いものはいません。そのお不動さんが「神の水」と言っていた水は、滝行ではなく手と足を浸してみただけですが、本当に効力がありました。

全国にはもっとすごい滝もありそうなので、見つけたらまたご報告をしたいと思います。

神域での滝行でわかったこと

◉広島・大頭神社での滝行

この項は文庫化にあたっての加筆部分となります。

『運玉』の単行本に、修行場の滝はお勧めできません、行者ではない一般の人がするのであれば、安全なのは神域にある滝です、と書き、そのように書いた以上は、自分でも検証しなければ！　と思っていました。

検証する機会は意外と早くやって来て、親戚の家に行った際に、大頭神社で滝行をやってみました。

お盆明けだったので、家族連れが水遊びに来る前がいいだろうと思った私は、朝6時に神社に行きました。駐車場に車は1台も停まっていませんでしたが、境内ではすでに神職の方がお掃除をされていました。

こんなに早くからお仕事をされているということは、水遊びをする人が朝早くから大勢来るからかも！　と、慌てて滝へと向かいました。

　大頭神社の滝は神様がいる境内にあって、波動の高い聖域を流れてくる滝なので、当然ですが悪いものは何もいません。場を清めたりしなくても、安心して滝に打たれることができます。水も聖水なので、自分で水質を高める必要がなく、流れてくる神々しい水にありがたく体をさらすだけです。

　しかし、頭上から落ちてくる水に、ただ黙って打たれていると、やっぱり自分の意識の一部というか、霊体の一部というか、「気」の中心というか、そういうものがポロッと前に出そうになります。

　そこで、祝詞を唱えてみましたが、神域では長い祝詞は必要ありませんでした。「祓えたまえ清めたまえ」の繰り返しだけで十分です。声さえ出していれば問題ないのです。

　神域の滝は、空也の滝での滝行とは雰囲気がまったく違います。空也の滝は本格的な〝行〟であり、周囲の悪いものに負けない訓練も兼ねたような厳しさがあります。

　大頭神社のほうは場が神様のおかげで安全なため、そのような警戒もいらず、純粋に聖水で自分の波動を上げる、という感じになります。

滝から出ると、前回同様、全身ずぶ濡れでTシャツも短パンも体にビタビタに張り付いていました。

着替えは車の中でする予定でしたが、歩いて5分の駐車場まで、そのビタビタ姿で歩く勇気がなく……下着は濡れたままで我慢をして、Tシャツと短パンを着替えることにしました。それだと、とりあえず「変な人」にはならずにすみそうです。

Tシャツの丈が長めだったので、短パンのはき替えは別にどうということはありませんでしたが、問題はTシャツです。ブラジャー一丁になって着替えるのはヒジョーーーーーに抵抗がありました（オバサンのそういう姿は見たくない、という人に見せてしまう申し訳なさ、からです）。でも周囲にはだれもいなかったし、ほんの一瞬ですむので、ガバッと脱いで着替えました。こういうとき、女って損だなぁ、とつくづく思います。

◉ 高波動ですごく疲れるが、効果は高い

神様の水で滝行をすると、波動が高過ぎるためものすごく疲れます。神様の波動に近い水に打たれるわけですから、高波動過ぎて、体全体が急激に上がった波動に耐え

られず、しんどくなります。大げさではなく、立っているのがやっと、というくらい疲労していました。

一刻も早く座りたかった私は拝殿での参拝をパスして、大急ぎで車に戻りました。車内で着替えていたら、強烈な疲労から睡魔が襲ってきます。トイレに行きたかったのでなんとかコンビニまで車を走らせて、そこで泥のように眠りました。

神域での滝行のパワーは思ったよりも強く、たった一回やっただけで、ご祭神の龍の姿が前回よりもハッキリ見えました。

この大頭神社の滝は、息子がまだ赤ちゃんだったときにアトピーが一発で治ったり、膝の痛みをかかえていた従妹が「治してください」とお願いをしていないのに治ったりと、とてもパワーがある聖水となっています。

滝修行をやってみたいと思われた方は、このように神社の境内にある滝がお勧めです。

霊山登山修行

◉山岳系神様はどんな山にいるのか

一般人ができる修行の中で一番お手軽なものは、神社仏閣に参拝することです。ほかの〝修行〟と言われているものより濃度は落ちますが、それでもコツコツ積み重ねると、霊感（神仏がわかる霊感のほうで、幽霊が見える霊感ではありません）や霊格向上に効果があります。神仏に目を掛けてもらえるという、ありがたいオマケもついてきます。

これの超強力バージョンが「霊山登山修行」です。

「霊山登山修行」は、私が勝手に作った言葉ですので、聞いたことがないと思いますが、効果は抜群です。

霊山とは一体どんな山？　と、まずここからですが、正確に言うと「山岳系神様がいる山」です。

「山岳系神様がいる山に登る修行」と言うと、まどろっこしくて舌を噛みそうなので「霊山」というすでに存在する言葉を使って簡潔に言っています。

その山に山岳系神様がいるかどうか……という判断が難しいところですが、私が「います」とご紹介した山には確実にいます。

「自分で見分ける方法はありますか？」と聞かれたら、う〜ん、ちょっと難しいかも、というのが正直なところです。

というのも、私自身も自分で行ってみないといるかいないかの判断ができないからです。

資料などを見て「ここにはいらっしゃるだろうな」ということは予想できますが、行ってみないと「います」と断定ができません。

ひとつの目安として、〝ちゃんとした神社〟の本殿もしくは奥宮が、山頂や山の中腹にあれば可能性がある、ということが言えると思います。

奈良の三輪山とか、香川の金刀比羅宮《ことひらぐう》がある象頭山《ぞうずさん》（琴平山《ことひらやま》）とか、山形の月山《がっさん》や湯殿山《ゆどのさん》もそうですし、鳥取の大山《だいせん》、鹿児島と宮崎にまたがる高千穂峰《たかちほのみね》もそうです。もちろん熊野の山々もそうです。

なんとなく、ああ、そういう感じか、という雰囲気はおわかりいただけるかと思います。

◉お寺のある山の場合は仏様のご加護がもらえる

山頂や中腹にあるのがお寺となると少し事情が違ってきます。高野山も比叡山《ひえいざん》もとてもありがたい良いお山ですが、どちらにも山岳系の神様はいません。

でもどちらの山も登ると修行になります。

中腹に寶山寺《ほうざんじ》がある生駒山は、その生駒山から連なった山々の上に山岳系神様がいるので繋がることができます。

ですので、一概には言えませんが、山頂もしくは中腹に〝神社仏閣〟があれば、霊山と言っていいと思います。

お寺がある場合だと、そのお寺に参拝して仏様のご加護をもらう、という感じになります。仏様の良い波動はいただけますが、それは山岳系の神様とは種類が違います。

ですから、仏様の山に登る場合はお坊さんがするような修行（第5章で詳しく解説します）になります。

山岳系神様の山に登る場合は、自分自身の波動を高める、自分自身が神様と繋がりやすくなる、霊感を向上させる、という自分自身の見えない世界のスキルアップに効果があります。

◉「役行者が開いた山」は霊山の可能性大

山岳系神様がいるかどうか、もうひとつの判断材料として、役行者が挙げられます。役小角《えんのおづぬ》とも言われる人物で、飛鳥時代から奈良時代にかけて実在した修験道の開祖です。

役行者は、鬼神を使役できるほどの法力を持っていたと言われていて、前鬼と後鬼を従えた像をあちこちでよく見かけます。人々を惑わしていると讒言《ざんげん》されて伊豆大島に流罪となるのですが、そこから毎晩海上を歩いて富士山に登っていたという話も伝わっていて、なにか特殊な力を持った人だったのだろうと思います。

この役行者が開いた山であれば、山岳系の神様はいます。

役行者の山岳系神様を見る能力はすごかったようで、私の生まれ故郷の山岳系神様がいる山は、地方のひっそりとした山なのですが、役行者が開いたと言われています。

実際、その山で一本歯の下駄を履いた白い装束を身につけた人の、膝のあたりから下を見たことがあります。空中に浮いていたその人は、風に吹かれていて足元が見えていました。

そのときは一本歯の下駄を知らなかったので、「いままで見たことがない、そんな奇妙な下駄を履いてるってことは天狗《てんぐ》？」と思ったのですが、どう見ても人間っぽいんだけどな、と思っていました。

後年、それが役行者だったことがわかりました。

それまでは、生まれ故郷のお山は広島県の中心から離れた田舎で、役行者が開いたというのは箔《はく》をつけるための言い伝えだろうと睨《にら》んでいましたが、本当だったのでした。

大阪の施福寺《せふくじ》がある槇尾山《まきおさん》もそうです。最初は空海さんゆかりのお寺、それだけだと思っていました。

役行者が開いた山であるという伝説を知り、だったら山岳系神様がいるはず！　と思って行ってみると、本当にいました。

「役行者が開いた山」というのもひとつの目安になります。ただし、伝説が真実ではない場合もあるでしょうから、絶対とは言えませんが、可能性は大です。

◉神様に話しかけつつ登るもよし、黙々と歩いてもよし

登山修行は字のごとく、山に登って、参拝して、下りてくるだけです。登るときにしんどくて、ヒーヒーゼーゼー言うと思いますが、これで体の内部の黒く良くないものが出ていきます。

山岳系神様の神域を歩いて長時間その中にいるわけですから、憑いている良くないものも落ちます。さらに、自分の波動も神様の高波動の影響で高まり、質が向上します。

一生懸命登る姿を見て、神様に「おぉ、よう来たよう来た」と歓迎してもらえ、ラッキーな場合は一回の登山でご縁ももらえます。

そのご縁をいただくためには、とにかく神様にたくさん話しかけるといいです。神域内ですので、話しかけた言葉はすべて聞いてくれています。願掛けだけでなく、日常のこと、たとえば家族やテレビ番組の話、どんなことを考えているとか、こんな仕事をしていますとか、思いつくことはなんでも話すことが、ご縁をもらうコツと言え

ます。

親や夫、妻、恋人以上に、気兼ねも遠慮もなく自分をさらけ出せる存在ですので、思い切り自分を出すといいです。それによってストレス解消にもなります。

話したことに対するアドバイスなども、のちにこちらがわかる形でくれたりします。

傾斜のきつい坂をゼーゼー登っていると、神仏どころじゃない、あまりにもしんど過ぎてなにも考えられない、という場面もあるかと思いますが、これはこれで大事です。

黙々とひたすら歩く……というそれは「歩行禅」と呼ばれるものであり、立派な修行の一種でお坊さんもしている行なのです。なにも考えずにただただ歩く、それは歩きながら座禅をしているのと同じです。座禅は苦手という人も、歩行禅なら長時間できるかもしれません。

しんどいときは黙って歩行禅をし、余裕があれば神様にご挨拶をして、たくさん話しかける、それが登山修行です。

自然の中で時間を過ごし、自然と触れ合うことによって、生物としての正しい感覚を取り戻せますし、なにしろリフレッシュができます。ハイキングのつもりで、または健康維持のためという理由で、霊山に登られてもいいと思います。足腰のためにあの神社に時々、歩いて行こうというのもアリです。

◉コツコツ続けると霊格がレベルアップする

神社仏閣参拝もそうですが、登山修行は〝修行〟ですので、コツコツ積み重ねていくものです。何回かやったからといって、すぐに神仏の声が聞こえるとか、神仏が見えるとか、そういうものではありません。

あの空海さんも、あの最澄さんも、おふたりに続く多くの高僧たちも、先ほど書いた役行者ですら、コツコツと修行を積まれているのです。修行とはそういうものなのです。

10回すれば、即、見える聞こえる！　という、魔法のような、即席で習得できるものではありません。

滝行や仏門に入ってするものだけが修行という知識しかなければ、一般の人に修行は無理であり、神仏と繋がりたくてもあきらめるしかなかったと思います。

ですが、神社仏閣に参拝するのも小さな修行、霊山に登るのも修行、ということを知れば、それならコツコツ積み重ねていけるという人もいらっしゃるのではないかと思います。

神様仏様の波動をたくさん浴びることを繰り返していると、自分の波動も神仏色になっていきます。そうしてコツコツ積み重ねた修行はちゃんと見えない世界でカウントされていますので、自分の能力も霊格も少しずつレベルアップしていきます。

人によっては早めに、「え？　もうそんなレベルにまで？」というくらい飛び級で向上する人もいます。元々神仏がわかる霊感があり、霊格も高かったけれど、いままでやり方がわからなかったという人もいるでしょう。

大好きな神様や仏様に会いに行っていたら、いつの間にかこんなに霊格が上がっていました、ああ、ありがたい、というのが神社仏閣参拝修行、霊山登山修行なのです。

第5章

比叡山延暦寺での修行体験

修行前の口コミと心境

◉申し込み後、不安は最高潮に

比叡山延暦寺《えんりゃくじ》のホームページを見ていたときのことです。

「修行体験」というページがあり、そこに居士林《こじりん》研修道場というものを見つけました。

2013年のことでした。

【比叡山の中でも唯一、広く一般の人々に開放された修行道場です。坐禅・写経の体験から1泊・2泊の本格的な修行体験までしていただけます。比叡山の豊かな自然と清らかな空気の中で体験する仏道修行。現在では会社や学校などの各種団体をはじめ、サークルや友達同志、家族連れまで、多くの方々に利用されています。日常の生活の中での見失われたものに気づき、爽やかな気持ちで山を下りられるでしょう】と説明がされています。

研修コースのところには、

【日帰りコースから1泊、2泊までの本格的な修行研修になります。団体様の研修がメインですが、個人様も受付しております】

とも書かれており、

「個人でも申し込めるんだ〜、比叡山での修行、できるものならぜひ参加してみたいなー」と思いました。

それから時々、延暦寺のホームページを見ては、ああ、行きたい、と考えていました。

そんなある日、「いや、もう、絶対にいま行きたい！」と思い切って電話をしてみると、係の方がとても丁寧に個人参加が可能な日程をいくつか挙げてくれました。というのは、個人の場合、予約が入っている団体さん研修のどこかに入れてもらって、一緒に修行をすることになるからです。

日程を聞かれたとき、迷わず2泊3日でお願いしました。1泊2日というのもあるのですが、1日目のスタートが15時なので、翌日のお昼に終わる1泊2日ではもったいないと思ったからです。〝あの〟比叡山に、それも〝修行で〟宿泊できるのです。できるだけ長くそこに滞在したいと思いました。

申し込んでから「どんな修行なのだろう？」とネットで体験記などを探して読んでみました。信貴山で修行体験をしたことはありますが、そのときは私ひとりだけだったし、1泊2日だったたし、夕飯のあとは自由時間でとっても過ごしやすいスケジュールだったのです。もしも厳しいようなら、その心積もりをしておかなければなりません。

いろいろとネットで読むうちに、だんだん不安になっていきました。

まず、お風呂が10分、というところが引っ掛かりました。しかも部屋を出るところから時間を計って、部屋に戻って来るまでらしいのです。そんな短時間で全部洗えるのだろうか……ぐずぐずしていたら間に合わないのでは……もしかして、これはドライヤーまで入れた時間？　だとしたら、髪を乾かすのはパスしなきゃ、とも思いました。

先を読むと、食事は一切音を立てない、食器を置く音もダメ、おかゆも箸で、となにやら大変難しそうです。そして素早く食べなければいけないような、苦痛めいたことが書かれており、

「で、できるのか、私に……」と不安は最高潮に達しました。

しかもずっと正座、なのです。ちょっとふっくらタイプの私は、長時間足が体重を支えられるはずがなく、死にそうになるに違いない、と思いました。

比叡山で修行体験ワーイ♪　というウキウキ気分は一転して重苦しいプレッシャーに変わりました。日程表をよーく見たら、やることもキッチリ決まっていて自由な時間はありません。

う〜ん、これはもしかしたらすごい苦行なのかもしれない……行くん、気が重たいな、やめとこかなと、尻込みするような気分になりました。当日の行きの電車の中でもまだ、キャンセルの電話を入れれば行かなくていいかな、と往生際の悪いことを考えていました。

◉神仏の代わりに読者の方から届いた励まし

完全に逃げ腰のマイナス思考にはまっていたら、神仏がこれはいかんと思ったのでしょう、そっと優しく背中を押してくれました。

このときは、神意・仏意を受け取る能力のある読者の方が（ご自分では意識されていないと思われます）、神仏の代わりに励ましのメッセージを送ってくれました。

ご自分の不思議体験を書かれていて、締めの言葉に、

「識子さんは、私と神仏との橋渡しをしてくれました。これからも本やブログを楽しみにしています。ありがとうございます」とか、

「識子さんのおかげで、神様を信じられるようになりました。これからも応援します。感謝しています」

と、書いてくださっているのです。

そのようなメールが、比叡山に着くまでに何通かまとめて来て、読んでいるうちに自分がとても恥ずかしくなりました。

読者の方からの、この言葉をもらうにふさわしい人間にならなければ、と覚悟を決めることができたのです。人に神仏を伝えたければ、自分も頑張って精進しなければいけないのです。まだまだだな私は、と反省し、比叡山に入りました。

霊に悩まされた修行1日目

◉お経は大声で唱えるのがお勧め

こうして覚悟を決めて行った居士林道場ですが、研修は別に苦行でもなんでもなく、規律正しい合宿という感じでした。比叡山での修行研修に興味がある方もいらっしゃると思うので、順を追って書いていきます。

ちなみに私は普通に一個人として参加しました。本に書くとか、ブログをしているとか、そういう話は一切しておりません。ごく普通に行われた修行研修に一般参加して、体験したこと、見たこと、聞いたことをそのまま書いています。

2泊3日を過ごす居士林道場は比叡山の西塔《さいとう》というエリアの、釈迦堂の右手を奥へ入ったところにあります。建物は昔の大きな一軒家、という感じです。

1階には4つの広間がありここで寝るのですが、同性での相部屋となります。2階には3つの広間があって、修行をしたり講義を聞いたりします。

到着して手続きをすませ着替えたら、2階で入所式と日程の説明がありますが、そこでいきなりお経を唱えます。お経が書かれたコンパクトな冊子のようなものをもらって、それを見ながら唱えるのです。

声が小さいとやり直しです。

普段、大声を出さないので最初は慣れないのですが、3日目になると、お腹から大声を出すのはこんなに気持ちがいいものだったのか、と爽快感を覚えるようになります。

せっかくこういうチャンスを与えてもらっているのですから、これから行かれる方はできれば最初から大声を出すようにしたほうがいいと思います。朗々とお経を唱えると、比叡山の仏様と繋がっていく感触が得られます。

◉生死を決める最後は意志の力

入所式が終わると、座禅止観《しかん》の解説と10分の実習です。これは釈迦堂で行われます。ここで説明をしておきますと、ひとつの修行が終わって次の修行を行う前に必ず5~10分程度のトイレ休憩があります。水分補給のためにお茶も用意されているので、この休憩時間にトイレに行ったりお茶を飲んだり、ほかの参加者と私語を交わしたりします。

当然ですが、自由時間というものはありません。すべてキッチリ、時間でスケジュール管理されています。

座禅についての詳しい内容は後述しますので、ここでは省きます。座禅修行を終えて釈迦堂から戻ると、食事の時間です。

食事も、「食堂《じきどう》」と呼ばれる別の建物に移動してそこでいただきます。この食事が大変素晴らしい教えをたくさん与えてくれたので、これも詳しく後述します。

食事を終えて戻ると、2階でのDVD鑑賞になります。大阿闍梨《だいあじゃり》である酒井雄哉《ゆうさい》さんのドキュメントを見せてもらえます。

これがもう泣けて泣けて仕方ありませんでした。

私は、20年ほど前に京都国立博物館で開催された、酒井雄哉さんの講演会に行きました。そのときにいろんなお話をされていたと思うのですが、たったひとつだけ心にしっかり刻まれていることがあります。

千日回峰行《せんにちかいほうぎょう》の中にある、9日間の断食・断水・不眠・不臥《ふが》の〝堂入り〟についての部分です。この修行は本当に死ぬ直前まで行くそうで（昔は亡くなった方がいたのでは？　と思いました）、途中で瞳孔が開きっ放しになるそうです。

行の最後のあたりになると、自分が生きているのか死んでいるのか、本人もわからなくなるそうで、この世とあの世を行ったり来たりする、というようなことをおっしゃっていました。ドキュメントＤＶＤで８日目の酒井さんのお顔を見たら、たしかに半分死んでいる、死相が出ています。

そこでもし「苦しいから、もう死のう」と思ったら死んでいた、と酒井さんはハッキリおっしゃっていました。

でもそのときに「自分は死なない！」と思ったそうで、それで死ななかった、「もう、いいか」とあきらめていたら死んでいた、という内容のことを語られていました。

生死を決める最後の最後は意志の力、というその話に感銘を受けました。意志にはそれほどの力がある、と私に最初に教えてくださったのは、神仏ではなく、酒井雄哉さんでした。

この比叡山という山は、最澄さんから始まってこんにちまで、多くの素晴らしい僧を出しています。酒井さんもその中のおひとりなのでした。

◉眠りを妨げるたくさんの霊

ＤＶＤ鑑賞が終わると入浴です。心配していた時間ですが、本当に10分で……（笑）、たしかにギリギリでした。ドライヤーでブローなんぞしている暇はありません。というか、そもそもドライヤーがありません。

浴室内で「時間が、時間が」と焦っていましたが、「3分前で～す」と外から声が掛かるので、そこから猛ダッシュすれば間に合う、という感じでパニクらなくても大丈夫でした。

2日くらいキッチリ丁寧に洗わなくても、ざっと洗えればいいわけです。同室の女性はササッと流して洗髪もせず、あとはのんびり湯船につかっていました。

髪の毛を洗うと、半乾き状態で寝ることになります。私の場合、うまく乾かして寝ないと寝癖でアタマが爆発するので、寝癖防止にタオルを巻いて寝ました。そういう工夫は必要かもしれません。就寝は21時です。

ここからが大変でした。

同室の女性はすぐに寝入ったようでしたが、私がウトウトすると、

「××××××××！」

となにやら男性が大声で叫ぶのです。

明らかに男性の低い声ですが、なにを言っているのかはわかりません。

聞こえてきたのは足元の方向、隣の部屋との壁の上方あたりです。

隣も女性ばかりの部屋なので、「はて？」と思いましたが、隣のだれかがたまたま野太い声で寝言を言ったのだろう、と思いました。それにしてはやけにでかい声だったな、と。

そしてまたまどろんでいると、

「××××××××！」

と、ものすごい大声で叫ぶのです。

やはり内容は聞き取れませんでしたが、非常に切羽詰まった感じでした。その雰囲気からして、焼き討ちのときの霊がいまだに？　と思いました。

それから再びウトウトしてくると、今度は隣で寝ている女性がいきなり大イビキをかき始めました。それまで寝息すら聞こえないくらい静かだったのに「ぐおぉぉぉー！」と驚くほどの大音量です。

ああ、ここには本当にたくさんいるのだな、と思い、お不動さんの真言を唱え始めるとイビキはピタッと止まりました。

それがもう1回ありました。まどろみ始めると「ぐおぉぉぉー！」です。どうすればそんなに大きな音を人体から出せるのか……そばに行って確認したかったくらいです。

そうこうしているうちに夜は更けていきます。寝かせてもらえない私はイライラしてきました。翌朝は5時起床なのです。

ンモー、いい加減、寝かせてほしいわぁ、明日の朝早いんだってば！　と文句を言っているあいだは静かです。こちらがしっかり起きているときはシーンとしているのです。

もう大丈夫かなと目をつぶり、ようやく寝入ったら今度はラップ音です。

ビシィィイ！

だれでも目が覚めてしまうくらいの強烈に大きな音で、しかもすごく部屋に反響します。

「あー！　うるさいっ！」

バシィィィ！

最後は本気で腹が立ちました。

「ちょっとー、遊んでるの？　成仏したいのならお坊さんのところに行きなさいよ！」

ビシィィィィ！

「ハイハイ、御苦労さま、悪いけどね、付き合っていられません。私もう寝るから」

その後もしばらくビシバシと音は鳴っていましたが、無視して寝ました。

こうして1日目が終了しました。

特典だらけの修行2日目・3日目

◉座禅、練成、写経と盛りだくさん

2日目、5時起床です。

少しばかり早めに目が覚めても、4〜5時のあいだは布団から出てはいけない決まりになっています。就寝時も同じで、21〜22時のあいだは布団から出てはいけません。5時に「覚心《かくしん》〜」という声が掛かると、バッと飛び起きて、着替え、洗面、トイレ、水分補給などをします。15分しか時間はありません。

修行中のお化粧は遠慮してください、とのことでしたが、日焼け止めだけはなんとしてでも塗りたい！　と思いました。2日目は外を歩き回るからです。

とりあえず必死になって、ムラになりそうな感じでババーッと塗りました。自分の支度が終わって部屋を見回すと、同室の女性は時間がないのにファンデーションをせっせと塗っていました。

目を点にして見ていると、

「だって、素顔をさらすなんて無理ぃ〜」

なんだそうです。私なんかもっと無理だよなぁ、NGなんじゃないかなぁ、と苦笑してしまいました。この女性が休憩ごとにせっせとしていたお化粧の件は、武士の情けで見て見ぬふりをしました（笑）。

冷静に考えると、日焼け止めはトイレ休憩時にゆっくり丁寧に塗ればいいのであって、なにも慌ただしい朝一番に塗る必要はなかったかな、と思います。

起きたらまず、釈迦堂に座禅をしに行きます。

早朝の澄み切った空気の中を歩くのは気持ちがいいのですが、山の中は平地よりかなり気温が低いです。1枚多め、寒がりの人は2枚多めに持って行ったほうがいいと思います。

釈迦堂の中も冷え冷えとしていて、座禅をすると芯から冷えます。

そしてそのまま、浄土院（最澄さんの御廟）へ参拝に行きます。ここへの案内は所長のお坊さんがしてくれたのですが、このお坊さんは「12年籠山行《ろうざんぎょう》」というとっても厳しい行を浄土院でされたそうです。

内容を聞くと、それは私たちが想像する以上に、猛烈につらかったのでは？　と思いましたが、所長のお坊さんは爽やかに「つらかったですよ」と笑っておられました。立派なお坊さんはすごい、と改めて思いました。

続けて、錬成《れんせい》という名のウォーキングです。結構、長い距離を歩きます。早朝の山中は、とにかく気持ちがいいです。木々も清々しく目覚め、背伸びをしているような感じですし、鳥も軽やかに鳴いています。自分も大自然と一緒にこの世界に生かされているという感覚があり、人間は自然の一部なんだな、と実感できます。

ウォーキングが終わると、居士林道場に戻ってお掃除の時間です。お掃除をして、朝食をすませ、写経となります。

写経をする前に、お坊さんと一緒に読経をします。最初に30分間、写経についての説明があるので、実質書く時間は1時間でした。

墨も自分ですり、筆で書きます。1時間たつと強制的にストップになるので（次の修行の時間があるためです）、時計を見ながらペースを考えたほうがいいと思います。

非常に残念に思ったことは、書いたお経は仏様に納めるのではなく、持って帰ってください、と言われたことです。知人の平癒祈願を「為」に書いていた私は、仏様に納めさせてもらえたらありがたいんだけどな〜、と思いました。たくさんの仏様がいる比叡山ですから、そこだけが心残りでした。写経がすむと、お坊さんの法話があって、昼食になります。

◉お坊さんの解説付きで比叡山を巡る

午後からは、山内巡拝《さんだいじゅんぱい》といって、比叡山をぐるりと巡ります。アップダウンが激しいところがあったりして、若い人は問題ないでしょうが、私くらいの年齢になると若干しんどいです。

ひとりで気ままにてくてく歩くのならそこまでしんどくはないと思いますが、人と歩調を合わせなければいけないので、しんどくても平気な顔をしてさくさく歩かねばなりません。

ヒー！　つらー！　という感じでした（もちろん遅れても大丈夫です。叱られたりもしません）。

歩くのは大変でしたが、これはものすごーくありがたい修行でした。修行というか、ハッキリ言って豪華特典です。なにせ、比叡山延暦寺のお坊さんの解説付き、なのです。

大変よい勉強になりますし、「ほぉ～」と驚く話、感動する話が満載です。

千日回峰行の出発点となるお堂への道は、行きは下りなのでラクラクコースですが、戻るときは死にそうになります。こんな坂道を毎日走るように歩くのか……と実際に、ほんのさわり程度の距離ですが、歩いてみてその偉大さがわかりました。

さらに立体的に描かれた比叡山の地図で、回峰行はどこを歩くのかを説明してもらい、それがいかにすごいことなのか、が実感としてわかります。

地図で、「ここからこういうふうに歩きます」と説明される範囲が、山全体を上から下までぐるり一周、なのです。ひ～え～！　と思いました。

私がたとえ体力ばっちり若さハツラツの20歳くらいだったとしても、根性を出して頑張って10日が限界だと思います。いや、すみません、ちょっと見栄《みえ》を張りました。10日も続かないです、5日で「無理～」と泣きを入れると思います。

居士林道場のお坊さんは4名いらして、そのうち1名は見習いさんだということでした。3名のお坊さんは、皆さん、100日回峰行は終えられたということで、「えっ！　これを100日も！」と思いました。なにげにすごいんだ、と驚きます。

山内巡拝は、横川《よかわ》は離れているので行きませんでしたが、いろんなお堂を見学し、博物館の「国宝殿」も見学させてもらい、とにかく盛りだくさんでした。歩くのはしんどいのですが、とてもありがたいもので、人生の宝物となる経験と言っても過言ではありません。

居士林道場に戻ると予定を変更して入浴となり、また同じようにバタバタと順番に入ります。その後、食事をし、座談会となります。

お坊さん4名と研修参加者が円座になって、いろんな話をします。お坊さんに質問をしてもよいとのことで、ひとりひとつ質問をさせてもらえます。

「比叡山焼き討ちをした信長が憎いですか？」

「髪の毛を伸ばしたいですか？」

という質問もあったりして、なかなか面白い座談会でした。

霊体験はありますか、という質問に、

「霊体験も、霊感もありません！」

と堂々とおっしゃって、みんなを笑わせていたお坊さんもいました。

3名のお坊さんは、90日間の常行三昧《じょうぎょうざんまい》という厳しい修行もされており、所長さんはさらに12年籠山行もされたということで、ぜひ詳しいお話を！　深くお聞きしたい！と思いましたが、そういう雰囲気ではありませんでしたので遠慮しました。いま思うと……せっかくのチャンスだったのに、もったいないことをしました。

◉なぜ仏様のいる山で幽霊が成仏できないのか

この日の夜も、ウトウトするとラップ音がビシバシ響き渡り、うるさかったです。

本当に霊が多いのです。ひしめき合っている、という感じでした。

〝登叡成仏《とえいじょうぶつ》〟という言葉があることを、山内巡拝中の雑談の中でお坊さんが教えてくれました。比叡山に登れば成仏できる、という話が昔からあるらしく、それで幽霊がみんな比叡山に来るのではないか、ということでした。へぇ～、なるほど～、と思いました。

比叡山焼き討ちで亡くなったのは、ほとんどが付近の住民だったというお話もしてくれました。武装して戦ったのは住民で、それはなぜかというと、比叡山にはお米がたくさんあったのでそれをもらうため、つまり食べるために戦闘員になったのだそうです。

その人たちも一応僧侶の格好をしていて、その住民たちが多く死んだということでした。ああ、それだったら自分ではうまく成仏できない人も多いだろうなと思いました。

「比叡山って、仏様がたくさんいるのになんで成仏できないの？」と疑問に思った方がいらっしゃるかもしれません。

実は仏様の波動は高過ぎて、尊《とうと》過ぎて、幽霊という段階にとどまっている人からは見えないのです。波動の高いほうから低い人は見えますが、逆は一切見えないし、聞こえないのです。

ですから、仏様や守護霊、成仏した近親者がどんなに助けようとしても、幽霊には伝わりません。そして長いあいだ幽霊としてさまよっていると、どんどん質が低下してしまい、悪さをする幽霊も出てきます。そうなるとますます自分で成仏することが難しくなっていきます。

2日目のラップ音もすごかったのですが、散々歩き回って疲労していた私は、うるさいのもまったく気になりませんでした。

霊を感じない人、体質でガードができている人は、霊の存在を感じることなく熟睡していました。比叡山での霊体験は人によると思います。

3日目も5時起床、座禅をしに釈迦堂へ行き、その後錬成で山頂まで山登りをし、戻って来てお掃除です。食事を終えたら、法話があって、最後に退所式をして研修は終了しました。

本当にあっという間の、「え？　もう終わり？」という3日間でした。

本格的な座禅体験と最澄さん

◉安全で、かつ踏み込んだ内容の座禅

座禅は釈迦堂にて本格的にさせてもらえます。

〝堂〟という響きから、小さなお堂を思い描かれるかもしれませんが、釈迦堂はとても大きくて内部が広い伽藍《がらん》です。

居士林道場から釈迦堂まで、合掌したまま列になって無言で歩いて行きます。釈迦堂の正面まで来ると、引率してくれたお坊さんと一緒に懺悔文《さんげもん》を大きな声で唱えます。それからお堂に入り、まず座布団の手前に座っていくつかお経を唱えて、着座します。

研修初日に、座禅止観とはなにか、どういうものかという説明がありました。

その内容ですが……研修中はメモが取れないため、すべてを覚えていられず……(苦しい言い訳ですね。すみません、覚えていないんです)、ここでは詳しい説明は省

きます。

座ったら、すぐに座禅をするのではなく、まずストレッチをします。それから徐々に体を整えていきます。結跏趺坐《けっかふざ》もしくは半跏趺坐《はんかふざ》をして、手は印を結び、そのポーズで左右に揺れてみたりして一番しっくりくる姿勢に微調整します。

次は呼吸を整えます。息を吐きつつ体を10度倒し、吸いながら戻します。これを45度、90度と行って調整したのち、目は半眼で始めます。

心の中では数をゆっくり数えましょう、という指導をされます。

初日は実践が10分だけで終了だったため、難なくできましたが、翌日からは「30分やります」と言われて真っ青になりました。

30分も背筋を伸ばして正しい姿勢を保ち、静かに座っていられるわけがない、この私が……と自分を信じていなかったのですが、やってみると30分は長い時間ではありませんでした。ここ釈迦堂は仏様の強力なサポートがあるからだと思います。

座禅が開始されると、お堂のすべての扉は閉められます。ですので、ほぼ真っ暗な状態になります。しかもお堂内は広くて深閑《しんかん》としており、仏様もいらっしゃるので、なんとも言えない神聖で荘厳な空間になります。その中で、静かに自分と向き合えるわけです。貴重な体験になります。自分が自分という人間から離脱して、物事を見ることができる、そんな感じがしました。

チーンという鐘が3回鳴り、拍子木《ひょうしぎ》が2回鳴らされると座禅は終了です。終わると今度は逆に、現実界に戻って行く調整を丁寧にやります。息を吐きつつ体を倒し、吸いながら戻す動作を今度は逆に、90度、45度、10度と行います。

手を擦《こす》り合わせて温めてから、その手で組んでいた足を降ろし、腕やお腹、脇腹とか足をさすっていきます。顔もさすって、両手で目を隠し、点灯されたのち、指の隙間から光を見て徐々に目も明るさに慣らしていきます。

それから足を崩して、お坊さんのお話を聞き（このあいだに痛みや痺れが消えます）、お経を唱えて終わりです。

2日目の朝の座禅からは、禅杖《ぜんじょう》でバシバシ！　とやってもらえます。そのバシバシの衝撃で、意識が体とキッチリ一致してカチンとはまり、悪いものも衝撃によって落ちてスッキリします。

この研修での座禅は、なにがありがたかったかというと、仏様と向かい合って座禅ができた、というところです。これはもう、本当に座禅道場でするものとは全然違います。

わざわざ扉を閉めて暗闇にして、お経を唱えて始める……お坊さんがするものに比べると、もしかしたら簡略化されているのかもしれませんが、それでも一般人にすればかなり踏み込んだ座禅になっており、ありがたいです。

とにかくとても入り込めるのです。そして、入り込んでも大丈夫なのです。お坊さんと一緒に現実界に戻るからです。

◉お釈迦様に頭を下げてくれた最澄さんの優しさ

さて、ここからは私の体験です。

座禅中は「心の中で数を数えてください」とお坊さんに言われていたのですが、私は最澄さんに話しかけてみました。

最澄さんはすぐに出て来てくれました。相変わらずニコニコしていて、包み込むような優しいオーラを放っています。

私は以前お願いした件に関してお礼を述べ、長宴《ちょうえん》さんのことを感謝し（最澄さんがお弟子さんを貸してくださっているのです。『神社仏閣 パワースポットで神さまとコンタクトしてきました』という本に詳細を書いています)、自分のいろんな話をしました。

最澄さんはずっと微笑《ほほえ》んでいて、ウンウンとうなずいていました。

長宴さんにもお礼を言いたいことを告げると、長宴さんも姿を見せてくれました(いつもはめったに前に出て来ません)。

「あっ! もしかして、今日でお別れなのでしょうか? 長宴さんはここにお戻りになられるのでしょうか?」

と聞くと、長宴さんもにこやかに微笑んで、これからもついていてくださるとおっしゃっていました。比叡山に戻って来たことでパワーチャージができた、というようなことも言っていました。

最澄さんはニコニコして、私がしゃべる内容に(間違いも失礼もあったと思うのですが)ウンウンとうなずいてくれました。最澄さんは多くを語りません。

空海さんとは性格が違うんだなぁ、としみじみ思います(もちろんどちらも素敵な仏様で大好きです)。

最終日の座禅で、私は願掛けの話をしました。

「そうだ、お釈迦様にお願いをしてみよう！」と思い立ち、そのままでは座禅のポーズ中ですから失礼になるため、お釈迦様に向かって〝心の中で〟正座をし、頭を下げていたら……。

なんと！　最澄さんが私の少し前の上空の位置で、お釈迦様に向かって正座をし、頭を深々と下げてくださっているのです！

私なんぞのために、一緒にお願いをしてくれているというわけです。

「ああ、最澄さんとはこういうお方だったのだなぁ」と、とても感動しました。

自分のあとに続く弟子・後輩、それだけではなく見えない世界の道を極めたいと思う者を常にサポートしてくれるのです。頑張ってもっと勉強したい、もっと仏様と近づきたいと願う者の手を引っ張って、下から上（仏様に近い位置）に上げる手伝いをしてくれる、そんな最澄さんなのです。

◉見えなくても、最澄さんは必ず来てくれている

ここでの座禅はやり方も本格的ですので、心の中で数を数える方法でもきっと素晴らしい体験ができると思います。でも、最澄さんとお話してみたい、と思われる方は

せっかくの比叡山延暦寺釈迦堂内ですから、トライしてもいいのではないかと、私は思います。

最澄さんは来てくれるだろうか……という心配は無用です。必ず、来てくださいます。見えなくても聞こえなくても、絶対にそばに来てくださっていますので、いろいろとお話するといいです。

最澄さんはウンウンとうなずいて、ニコニコと聞いてくれます。

ブログに書いているのですが、私はここで、「今回は横川まで行かずに帰ります」と最澄さんに言いました。比叡山には3つのエリアがあって、この横川だけが遠いのです。

研修最終日で疲れもあったし、最澄さんには3日も続けて会うことができたし、山内巡拝で比叡山を満喫したという充実した気分だったからです。横川を回って帰ると、自宅に着くのが遅くなるので、そういう時間の関係もありました。

すると最澄さんがニコニコと「元三《がんざん》大師が待っておる」と言うのです。

えっ？　と思いました。

私は元三大師の御廟で体調が悪いのを治していただいたことがあります。

御廟には2回ほど行きましたが、大師と直接会話をしたことがなく、待ってもらえるほど可愛がられているとは、正直思えなかったからです。

しかし、〝最澄さんが〟言った言葉です。最澄さんに限らず、仏様が言った言葉は「絶対に」誇張でも間違いでもありません。

私を喜ばせるためとか、横川に行かせるためとか、神仏はそんな小細工もしません。神仏が言った言葉はすべて〝真実〟なのです。元三大師が私ごときを待ってくださるなんて、畏《おそ》れ多いことだと思いました。

「でしたら、喜んで行かせてもらいます」

そう言うと、最澄さんは、

「そうなさい」

と言い、ウンウンとうなずいてニコニコしていました。

実際に行ってみると、たしかに元三大師は待っていてくださって、歓迎してくれました。比叡山の代々の僧の方々は本当に優しくあたたかいです。そして前に出ない(出しゃばらない)、控えめな方ばかりです。

まずは座禅を通して最澄さんとお話をしてみるのがよいのではないかと思います。

正しい食事作法がもつ意味

◉私語も、食器を置く音も禁止

食事作法については、形式的な部分から説明をします。

居士林道場から食事をする建物「食堂」まで歩いて行きますが、釈迦堂に行くときと同じように、合掌をしたまま列を乱さず無言で行きます。畳の部屋に入ると仏様に一礼、座る前にお膳に一礼します。食前のお経を唱えて、それからいただきます。

お湯のみに自分でお茶をつぐのですが、これは食事中には飲みません。食べ終わったあと、自分が使った食器を洗鉢《せんぱつ》するためのものです。

食事中はもちろん私語は禁止で、食器の音も立てないようにします。

お漬物が入っている小皿でも、お皿を手に取って、そこからお漬物を箸でつまみます。お皿を置いたまま、箸を伸ばして取ってはいけないのです。

うっかりすると日頃のクセで、ついお箸を伸ばしてしまいそうになるのですが、ここはまだ「おっと」と気づけます。しかし、手に持った小皿などをお膳に置くときは、無意識にやるとかなり大きな音が出ます。うわっ！　と自分がビビるくらいです。

音を出さないようにするには、そーっと置くだけでなく、器の底を回すようにしてゆっくり置かなければなりません。

おかずもご飯も、いちいち食器を手に取っていただくので、この置くという作業が何回も繰り返し繰り返し襲ってきます。「ひー！　もう置くの嫌っ！」と、疲れて泣きそうになります。

このようにすることで物を大切にする心が持てるようになるのだそうです。

私は途中で、ご飯だけの一気食べ、おかず一品ずつ一気食べ、という方法を編み出しました。するとですね、その器の中身を食べ終えるまでいちいち置かなくてすみます。

「頭いい～、私♪」と思いましたが、さすがにご飯だけの一気食べは味気なかったです。

たくあんは2枚あって、その1枚は残しておきます。食べ終えると、お湯のみのお茶をそれぞれの器にちょっとずつ入れて、たくあんとお茶で器の中を洗っていきます。

内部がツルツルになるまで丁寧に洗います。

最後に1ヶ所（ひとつの器）に洗ったお茶を集め、そのお茶を飲み干して、たくあんをいただいて、終了となります。

「えー！　それってなんか不潔！」

と思われた方、私も正直言って最初はそう思いました。

1回目の食事でやった洗鉢で、

「こ、このお茶を……の、の、飲むの……？」とドキドキしました。

目をつぶっても意味がないのに、ギュッと目をつぶって一気に飲み干しました。

しかし、洗鉢したあとの食器の美しさには、「ほぉ〜」とため息が出ます。出されたものをすべて、一粒も一滴も残さず、つまりわずかな無駄も出さずにいただいたわけです。なんというか、非常に清々しい気分で食事を終えられます。

食後のお経を唱えてから、片付け班と居士林道場に戻って次の準備をする班とに分かれ、それぞれの作業をします。

補足しておきますと、食器はこのあとちゃんと洗っておられました。不潔なことは一切ございませんのでご安心を。

◉食べ終わるのを待つのも待たせるのも心の修行

食事量については、初日によそわれている量を見て、多いと思う人は最初にご飯を減らします。そして、小にするか中にするか、そこで申告をします。

申告した量が最後まで続きますので、たくさん食べられない人や、食事が遅い人は少なめにしたほうがいいと思います。

というのは、全員が食べ終わるまで待つので、遅い人は「針のむしろ」みたいな気分になるのです。お坊さんは早く食べなさいなどとひと言も言いません。黙って静かに待っておられます。

早めに食べ終えた人も同じです、じっと待ちます。

全員正座をしたままですので、長くなればなるほど、みんな足がしんどいわけです。モタモタして自分のせいでみんなが待っているという状況は、「自分のせいですみませんっ！」という気分になります。

2日目の朝食はおかゆでした。

私はお坊さんの座卓の真ん前でしたので、チラ、と盗み見をしたところ、お坊さん方はご飯の器に、最初におかずをすべてさくさく入れていました。これで食器の上げ下げが一気に減るわけです。

いちいちあれを取って器を置いて、これを取ってまた器を丁寧に置いて、を繰り返さないのでスピードアップにもなります。

お坊さん方は、あっという間に食事を終えて洗鉢し、あとは静かに、微動だにせず全員が終わるのを待ちます。これだ！ と思った私も即座にマネをしました。

ちゃっちゃと食べてじっと待っていると、遅い人が一生懸命食べているのが目に入ります。

人間は不思議なもので、自分が待たせる立場だと申し訳ない！ 待っている人はイライラしてるかも、と待っている人に迷惑をかけていることを思います。

ですが、待つほうになると、「そんなに急がなくてもいいよ〜、どうせ足はすでに痺れてるし、あと5〜6分かかったところで大差ないから大丈夫だよ」と思いやることができるのです。どちらの立場にしても心の修行になります。

昼食には炊き込みご飯が出て、精進料理ですので鰹節《かつおぶし》は使わずに椎茸《しいたけ》と昆布だけでダシを取ったと話しておられました。それがとてもおいしくて、ちょっと感動しました。

2日目の夕食は少し豪華にコロッケやサラダが出て、うれしかったです。

◉命をかけらも無駄にしない精神が学べる

さて、この食事作法ですが、いろんな意味で勉強になりました。

お坊さんの世界では、食事は1日に2食が正式であり、夕食は食にあらず、ということで非食《ひじき》と呼ぶのだそうです。

ですから、食前のお経も正式な朝食と昼食は長いです。そしてこの2食は「さばを取る」という作法があります。

小皿に7粒程度のご飯粒を取り、全員分のそれにお坊さんが〝お経を唱えて〟裏庭に出しておくのです。すると鳥に姿を借りた餓鬼《がき》などが食べに来るそうです。

私たちは人間界というところにいて、下の餓鬼道とかの者たちに対し、なにかしてあげることができないか？　ということで、施《ほどこ》しをするのだそうです。

普通に考えれば、餓鬼や幽霊などはなんだか怖いし「寄って来ないで」と思ってしまいますが、お坊さんは違うのですね。施しを与える……仏様の慈悲を垣間見《かいまみ》たような気がした作法でした。

ただ、これは自宅ではしないほうがいいです。そういうものが寄って来ても祓える人はいいのですが、祓えなければどんどん寄って来るからです。成仏できない幽霊はお腹がすくし、喉が渇くので、白いご飯や水に群がります。これはあくまでも「僧侶」の世界のものですので、一般の人はしないほうがいいと思います。

食事中の音に関しても、最初は叱られるから音を立てないでおこう、と思います。しかし、次第に器を大事に持つ、扱う、ということがわかってきます。いままで、ガチャ、と平気で器を置いていたことに気づくわけです。

最後の食事あたりになると、器を大事に扱うがゆえに音が立たない、となっています。叱られるから、じゃなくなっているんですね。

洗鉢も同じです。最初は決められているからやる、やり直しをさせられたくないから丁寧に洗う、でした。けれど、回を重ねていくと、キレイにしたいと心から思いますし、おかゆのベタベタした残りの、ほんの小さなものでもちゃんと洗って残したくないと思うようになります。

出された命は小さなかけらもすべて無駄にすることなくいただきました、と感謝することを学ぶのです。キレイなピカピカした器を見て、食事という修行をしっかりやりました、とも思えます。

ですから、最初に叱られて渋々やる、というのは実は大事なことなのですね。口頭での説明だけであとは自由に自分でしてください、というやり方だったら、ここまでわからなかったと思いますし、多分こんなに丁寧にはやらなかったと思います。

自宅に帰って炊飯をし、余ったご飯をラップしていたときのことです。お釜についたご飯はしゃもじでこそぎ落としますが、それでもご飯粒は結構な数がお釜にくっついています。

以前はなにも考えず、そこにザーッと水を入れて洗っていました。

この研修から帰って同じ状況になったときに「なんともったいないことをしていたのか」と思いました。たった5回、比叡山で食事をしただけですが、すでに身についているのです。植物も貴重な命であり、一片たりとも無駄にせず全部いただく、という考えは大切だと思いました。

修行とは仏様のツールになること

◉仏様のお手伝いができる人物になるための行

今回、比叡山という歴史ある場所で、お坊さんと一緒に修行をするという体験をし、実際に厳しい行をされているお坊さんにじかにその話を聞き、仏様のお坊さんに対する姿勢なども見させていただき、いろんなことがわかりました。

最初に断っておきますが、ここから書く内容はすべて私の個人的見解です。ですので、天台宗やその他の仏教関係者の方がこれを読むと、違うと言われるのではないかと思います。そこはご理解いただきますようお願い致します。

まず、お坊さん方がされる「行」についてです。

これは、お坊さんが仏様（菩薩とか如来とかの意味です）の使者というか、使いというか、ツールになるためのものだと思いました。

神仏の声を聞きたいとか、お姿を見たいとか、もっと神仏に近づきたいとか、霊感を上げたいとか、そういう「自分のためにする」ものではないのです。

仏様に自分をツールとして使っていただく、つまり自分を通して仏様が人々を救う、自分はそのお手伝いとなる、そういう人物になるための行だと思います。

肉体を持たない仏様の代わりに、人々の悩みの相談に乗るとか、仏様側の人間として祈禱をするとか、講義などで人生の指針となる深い言葉を与えるとか、仏様が「その僧の肉体を通して」人々を救うわけです。そういう意味での使い・ツールです。

◉仏様の使いになっていた大阿闍梨・酒井雄武さん

こういうお話を聞いたことがあります。

京都の市中で、大阿闍梨・酒井雄武さんが通る予定の沿道に座って待っていた男性が、向こうから歩いて来た酒井さんに頭を撫でてもらったそうです。その男性にはガンで闘病中の妻がいました。

男性は酒井さんに頭を撫でられるときに、妻の病気が治りますように、とお願いしたそうです。すると、本当にガンが消えたのだそうです。

厳しい千日回峰行を2回も達成された酒井さんです。完全に仏様の使いとして、仏様の力が酒井さんから出ていたのでしょう。

ですから僧侶の修行は5年とか10年とか、長く続けるものを言うわけで、「僧侶の修行にプチはないなぁ」と思いました。

所長であるお坊さんに仏様についてお聞きしたところ、こういう答えが返ってきました。

「僧の考えはそれぞれである。そこは宗教だから、神さん仏さんが本当にいるのか、については、信じる・信じないがある」

と、それぞれ考え方が違うということをハッキリ言っておられました。

意外でした。お坊さんになるくらいだから、神様は置いておいても、仏様は丸々信じているだろうと思っていたからです。

そこにいらしたお坊さん方も、

「生き方として僧侶」

「職業として僧侶」

という考えであることを話されていました。

居士林道場のお坊さんは「自分に霊感はない」と皆さん、おっしゃっていました。

幽霊も、一回も見たことがないし、いるのかどうかわからない、とのことでした。

ただ、「そういう話は山ほど聞く」とはおっしゃっていました。お坊さんのひとりは「見る人が見たら、比叡山はすごいらしいですよ〜」と笑っておられました。

そうか、お坊さんになったからといって、霊体験をするとか、霊感が高まるとか、仏様のお姿を見るとか、そういうんじゃないのだな、と思いました。

見えない世界の自分のスキル向上のためにではなく、〝僧侶として〟行をする、つまりもうそこですでに仏様の使いとしてプロフェッショナルな立場であり、その時点で我々一般人とは違うわけです。

ですので、仏様にツールとして自分を使ってもらいたいという意思がない人は、こういう僧侶の修行は違う、ということになります。

◉霊感の向上ではなく、ありがたい勉強としての修行

実際の話、2泊3日くらいでは修行というには短過ぎ、大きくなにかが変化するということはありませんでした。しかし、ありがたい勉強にはなります。

その居士林研修、行ってみようかなぁ、と思った人には、ぜひ、体験することをお

勧めします。たくさんの貴重な経験、生涯の宝となる体験ができます。

お坊さんの世界を知ることができて、平安時代からの高僧が修行をした山を肌で感じ、食事に対する意味を知り、そこで自分の考え方、意識が変わります。座禅の正式なやり方も覚えられますし、比叡山を歩き回ることで仏様のご加護もいただけます。

団体生活をすることで、日頃自由に暮らしているありがたみを知り、またキッチリしたお坊さんの修行生活を体験して、ダラダラと堕落したような日々を送るのはやめようという気づきにもなります。延暦寺の仏様の波動の心地良さを感じて、見えない世界で恩恵もいただき、最澄さんに話も聞いてもらえます。

2泊3日くらいは長風呂を我慢したり、叱られたり、決められたことに黙って従ったりするのもいい経験です。

ただし目的が、このような素晴らしい体験や心の修行ではなく、神仏を感じたい・聞きたい・見たいという霊感の向上を目指すのであれば、違う修行に励んだほうがいいと思います。


❖神社仏閣をたくさん訪れて、多くの神様や仏様に会いに行く。その波動の違いを感じる練習をする。または大好きな神仏に何回も会いに行って深く感じる練習をする。

❖そこでいただくご加護の感覚を大切にし、それをコツコツ積み重ねる。

❖山岳系の神様に会いに、またその高波動の恩恵をいただきに、神様がいる山にもたくさん登る（長く歩けない人はロープウェイや車で山頂に行って、山頂の土の上に立つだけでもいいですし、ふもとを数分歩くだけでもオーケーです）。

❖必要と思えば菜食もやる（私は完全菜食生活を6年余りやりましたが、人によって必要かどうかは違うと思いますし、仮に必要だったとしても期間が違うと思われます）。

❖神域で神仏にたくさん話しかける、そして神仏が示してくれる愛情、歓迎のサインに気づく努力をする。

❖自分の霊格を上げるために良心に従って正しく生き、良いことはして悪いことはしない、波動の低いことはしない。

などです。

それと、いついかなるときも自分にご縁をくださっている〝神様仏様を信じる〟です。

これは霊能者とか占い師が、

「守護霊がこう言ってます」

「あなたについている神仏がこう言ってるからこうしなさい」

という……失礼を承知で申し上げると、嘘か本当か判断がつかない話を信じましょうということではありません。

自分にご縁をくださっている神様仏様が、自分のことを大事に思っていてくださる、良いように導いてくださっている、守ってくれている、ああ、ありがたい、というそのことを信じましょうということです。

今回、目的が違えば修行も違うということが、大変よくわかりました。

居士林道場の2階にいた仏様は、私たち研修者だけのときはとても優しいお顔でおられるのに、お坊さんたちが入って来て読経を始めると、途端に非常に厳しいお顔になります。「気」もピシッとしたものに変わります。

この変化はとてもハッキリしていますから、感じやすい人はわかると思います。仏様の視線は「師」が弟子を見つめると言いましょうか、一般人と「僧侶」を完全に区別しておいででした。

◉精進落としは必要です！

最後になりましたが、「精進落《しょうじんお》とし」は必要です！

これはビックリマークつきで声を大にして言います。

私はこの修行研修に入るちょうど2週間前に体調を崩し、野菜以外食べられなくなりました。お魚も食べると胃が痛むので、一切食べず、意識しないまま精進潔斎《けっさい》をして修行に入りました。体調は回復して問題はなかったのですが、修行後もなんとなくそのまま菜食を続けていました。

すると、比叡山から帰って、ものすごーく調子が悪くなったのです。心身ともに最悪の状態になりました。

おかしいな、比叡山で修行をしたのだから、スッキリしてるはずなんだけど……と思いましたが、本当に日々しんどくて、もしかして重篤な病気？　もしかして私、うつ？　というくらい苦しかったです。

そんなときに吉野山へ行ったのですが、そこの神様に「精進落としはしなければいけない」と教えてもらいました。

「え？　なに？　それ？」です。

「は？　識子さん、精進落とし知らなかったの？」と驚かれそうですが、はい、知りませんでした。

いや、もちろん、お葬式のときのことは知っていましたが、修行をしたあとも……ということは知りませんでした。

修行をしたあとは、必ず精進落としをしなければいけないそうです。なぜかというと、修行を終えると、高度にクリアで透明な自分になるからです（イメージです）。

その自分を、俗世という黒い世界に戻す前に、自分で内側からちょっと汚しておくべきなのだそうです。そうしないと、透明なまま黒い世界に戻り、周囲からじわじわと汚されていくと大変なダメージを受ける、ということでした。

「えー！　そんなことは知りませんでした！」と思わず声が出てしまいました。

そういえば……。

一緒に修行研修をした人たちは、「帰りに焼き肉を食べる」とか「私はトンカツにしよう」などと言っていました。みんな、そうやって気づかないまま、うまく精進落としをしていたのです。お酒を飲むのも精進落としになるそうで、「ビールが飲みたい！」と言っていた人もいましたから、その人はビールを飲んで精進落としをしたものと思われます。

そうか、そうだったのか、とこの日、吉野山から下りた私はハンバーガーを食べました。

そこでふと思い出したのは、完全な菜食をしていたとき、ジュースのようなカクテルをたまーに、飲んでいたことです。いまは一切、飲みません。あれは肉や魚を食べなかったから、お酒で精進落としをしていたのかもしれない、と気づきました。

神社仏閣参拝や、山岳系神様がいるお山に登った場合、自分が思った以上に修行になっていることがあります。

私の元に、「××山の〇〇神社に行くと気分が悪くなりました。合わなかったのでしょうか？」という質問が来たりします。

もしかしたら高度な修行になったのかも？　と思ったら、自宅に帰るまでに精進落としをするといいです。

自分が本当に大変つらい目に遭ったので、これは大事なことであると、赤い太字ででかでかと書きたいくらいです。

皆さんもお気をつけて、自分に合った修行方法で神仏に近づく努力をされるといいのではないかと思います。

第６章

その後の秀吉さん

単行本『運玉』出版後の秀吉さん

◉豊国廟を訪れてくれた優しい読者の方々

2015年に単行本として『運玉』が発売され、それから1年後までの秀吉さんのことは、翌年に発売された『神様、福運を招くコツはありますか？』という本に書きました。そこから少し引用をして説明したいと思います。

『運玉』の発売後に私が思ったのは、秀吉さんに関しては好き嫌いもあるし、天下人になってからしてしまったことに嫌悪感を抱く人もいるだろうな、ということでした。運が強くなる方法についても、良くて半信半疑、到底信じられませんという人も多いだろうから、否定派が多数かもしれないと覚悟もしていました。しかし予想に反して、本の発売と同時にたくさんの秀吉さんのメッセージやお手紙が届きました。

「秀吉さんを救う方法はありませんか？」「私にできることはありませんか？」とい

う内容です。本当に驚きました。スピリチュアルなことを実生活で口にして、胡散臭《うさんくさ》い人物とレッテルを貼られてしまった経験しかない私には衝撃的でした。心の美しい人は世の中にはたくさんいるのだな、と思いました。

さらにそれからは、「豊国廟に行ってきました！」「秀吉さんに会ってきました」というご報告がこれまた膨大な数のメールやお手紙で届き、こちらも心底ビックリです。「いてもたってもいられず、日帰りで行きました」と書かれていた遠方の方もいらっしゃいました。

これは読者の方にいただいたメールです。

【秀吉様と対話も感じることもできませんが、識子さんが言われていた通り、一方的でしたがお話をさせていただきました。御廟の前で出町柳のふたばの豆もちをお土産に一緒に食べてきました。嬉しいことにアゲハ蝶も飛んできて、御廟の前では私達だけの空間を作っていただけました。この日より運玉を育てていこうと思いました。素敵なお話を有難うございました。運玉の本に出会えたことを感謝します。これからもブログを楽しみにしていますのでずっと続けてくださいね。これからも応援していきます】

私はこのメールを読んだ瞬間から、涙がポロポロ出て止まりませんでした。秀吉さんは豆もちをとても喜んだのではないかと思います。あの小柄な秀吉さんがうれしそうに一緒に豆もちを食べている姿が思い浮かびました。幸せなひとときだったと思います。読者さん、ありがとうございます、とパソコンのこちら側で手を合わせました。

それまで長い間ずっとひとりぼっちで話しかけてくる人もいなくて、秀吉さんはとても寂しかったと思います。それがある日、運をくれ、などという図々しい識子とかいうオバサンが来てべらべらしゃべりまくり、なかなか面白いやつだの、と思っていたら、そのあとからは優しい人がたくさん来てくれて、たくさん話をしていってくれる……と秀吉さんのいる環境が徐々に良くなっているのを感じました。元気を取り戻しておられるだろうな、と思っていました。

このメールをブログで紹介してから、「秀吉さんに食べてもらおう！」といろいろな手土産を持って行かれる方が増えました。お寿司《すし》とか、秀吉さんが食べたことも見たこともないであろうチョコレートとか、ビールとか、はたまた一緒に食べましょうね、とうなぎ弁当を持参したとかサンドイッチとか、もう本当に皆さん多種多様のお土産を持って行かれています。秀吉さんのお誕生日にケーキを持って行かれた方もいました。

孤独で寂しく暗闇にいた秀吉さんですから、大勢の参拝客が来てくれることは心底うれしかったと思います。その方々が、「秀吉さん頑張って下さい！」「応援していますー」「また来ます！」とあたたかく言ってくれるのです。

おいしいものを食べてもらいたい、喜んでもらいたい、という気持ちにはその人を想う心がいっぱいに詰まっています。人が人を想う気持ちは崇高で美しいです。見返りも何も求めていませんから、これは慈愛ですね、一番尊い愛の形です。距離的にも豊国廟まで行くのは大変という方がほとんどで、旅費も時間もかかったことと思います。それでも応援したい、気持ちを届けたいという、その信仰心はキラキラと輝く、レベルの高いものです。

秀吉さんはそれらをたくさんもらえているようで、良かった〜、とメッセージやお手紙をいただくたびにそう思っていました。

◉明るく陽気になっていた秀吉さん

私が3回目の豊国廟参拝をしたのは、『運玉』の発売から10ヶ月がたったころでした。多くの人に優しい思いやりをもらって、秀吉さんはさぞかしお喜びだろうと思うと、早く会いたい～、とワクワク感でいっぱいでした。

ゼーゼーと言いつつ石段を上がって、よっこらしょ、と廟の敷地に入った瞬間に目を見張りました。とっってても明るくなっているのです。廟の「気」が、です。それも陽気に弾けている明るさです。本人も非常に良い状態で、波動もかなり上がっていました。

以前は次元の隙間にいて、イメージとしては四方八方が暗くて狭い、そんな感じでした。両側がそびえ立つ壁のような狭さで、身動きできないくらいの空間であり、とにかく暗かったのです。それがいまは〝本人〟が、輝いています。内側からボ～ッと光を発していて、それにより、いる場所も広くなっているのです。そしてなにより明るいです。状況が飛躍的に好転している、とひと目でわかりますし、確実に感じられます。

本人も……う～ん、これは表現が難しいのですが、丸くなってきています。太るという意味ではなく、容量が増えるというか、そんなふうにとらえてもらえれば近いかと思います。

「秀吉さん、良くなられましたね！」と、思わず言うと、秀吉さんはとってもうれしそうな表情で教えてくれました。

「これは、すべて参拝に来てくれた人々のおかげである」と。

多くの人が訪れて、秀吉さん、と慕う……それは、とっても大きな力になるのだそうです。純真な信仰心が良い状態に上げてくれた、と言っていました。以前の秀吉さんを知っている私は、もう本当に心底感動しました。

「信仰心って、こんなにも作用するんですね！」と興奮丸出しで言うと秀吉さんも、これほどまでに力があるとは知らなかった、と言っていました。実は、前の状態のまだと秀吉さんを救う方法はたったひとつしかありませんでした。いまは詳細を書くことができませんが、その方法は実現不可能なのでは？　と思ってしまうものでした。

しかし目の前にいるいまの秀吉さんは、なんとかなりそうだ、と希望に満ちています。今後も親切な人がたくさん来てくれたら、このまま神様修行に入れるかもしれない、と言っていました。秀吉さんが400年余り、暗い場所でずっと我慢して望んでいたことが、やっと叶う、というわけです。

「本当ですかっ！　ああ～、それは良かったですね～」と涙が出るほどうれしかったです。私の書いたものを読んで、それを信じて、参拝をして下さった皆様の純粋な心の作用、効果のおかげです。1年であそこまで押し上げられるものなのか、とそのパワーを目の当たりにした出来事でした。

◉安土城をいつも走って登った秀吉さんの心意気

『神様、福運を招くコツはありますか？』にはここまでしか書いておりませんが、このときにとてもありがたい教えをいただいています。そちらもご紹介しておきます。

私が豊国廟から帰るときのことでした。石段を降りながら、秀吉さんのコンプレックスについて聞いてみました。出自に関しては強いコンプレックスがあっただろうと想像できますし、身長が低いことも大きなコンプレックスになっていたのでは？と思ったからです。

秀吉さんは背が低いことはそれほど気にしていなかった、とあっさり言います。あの時代、身長が低い人は意外と多かったそうです。それよりも、ブサイクだった劣等感のほうが、はるかに強かった、と言うのです。

えええーっ！と、意外でした。戦国武将で強いということは、もうそれでだれから見ても十分カッコイイわけで、それなのに〝顔〟にコンプレックスがあったというのが……人間って複雑なのだなと思いました。そして、天下を取ってからも秀吉さんが苦しんだのは、やはり出自に関するコンプレックスだったということです。

そのような話をしていると参道の中門に着いたので、そこでお礼を言いました。最後のご挨拶を終えると、秀吉さんはタッタッタッタッとすごい勢いで石段を駆け上がっていきました。

足腰を鍛えているというか、慣れているというか、そんな感じです。

「すごいですね〜!」と言うと、安土城で信長さんに呼ばれたときもこのようにして、思いっきり走って登っていた、と笑うのです。ほかの人は普通に歩いて登っていたし、休み休み息を整えながら登っていた人もいたそうです（安土城は山の上にあるので、上まで行くのが結構しんどいのです）。

「いますぐ走って来い」と言われたわけではないので、みんな無理なく普通に登るのだけれど、秀吉さんだけは体調が悪くない限り、全力で走ったそうです。それはどうしてかというと、その姿を初めて見た人は緊急で呼ばれたのだなと思う、しかし何回かその姿を目にすると、秀吉という人は毎回必死になって走って登るんだな、と気づきます。

それはいつか必ず、信長さんの耳に届くというのです。すると信長さんは、秀吉さんがいつも自分に対して一生懸命であることを知り、秀吉さんの忠誠心をわかってくれる、そう思ったと言います（この件だけでなくほかにもいくつか、見えないところで一生懸命に尽くすことをしていたのだろうと思われます）。

◉気持ちを正しく伝える努力の大切さ

心の中で固く忠誠を誓っていても、信長さんのために死ぬ覚悟までしていても、人間は相手の心が見えないので、その気持ちを理解してもらうのは難しいです。形にして少しでも見えるようにしなければ、相手に伝わりません。

心の中で忠誠を誓い、相手が気づかなくても構わない、と思うのなら、それはそれでいいそうです。しかし、目をかけてもらいたいとか、将来に繋げたい、「こいつは寝返るかもしれん」と疑われたくない、大切に思う人に疑う心を持たせたくない、という場合は、その忠誠心をわかってもらう必要があります。

秀吉さんの場合、「あいつは出自がいやしいから必死だな」「見ていて滑稽《こっけい》だ」と人にどれだけ嘲弄《ちょうろう》されても、信長さんに本心をわかってもらうほうが大切だったそうで、あらゆる場面で頑張ったと言っていました。

「なるほど〜」と勉強になります。

たしかに黙っていては……態度で示したりもしなければ、相手が人間である以上、心の中の思いは伝わりません。どれだけ夫や妻を愛していても、会話が少なくてプレゼントなどもしなくて、普段は笑顔も見せない、となると誤解をされそうです。私は愛されていないのね、と相手に持たなくていい悲しみを持たせてしまうことにもなりかねません。

謝罪の気持ちがどれだけ強くても、お詫びをちゃんと言う、態度に表す、などをしないとわかってもらえません。感謝の気持ちがいっぱいにあふれていても、ありがとうと言わないと伝わらないのです。そこを頭ではわかっていても、日常生活ではつい忘れてしまいます。ああ、そうだな、そこは生きて行くうえで大切な部分だな、と私は貴重な学びをこのときにいただいたのでした。

現在の秀吉さん

◉４度目は涙の再会

それから2年が経過し、２０１８年に『運玉』の文庫化が決定しました。いままで秀吉さんを応援して下さった方々のために、その後の秀吉さんがどうなっているのか、そのご報告をしなければ……と、久しぶりに豊国廟へ取材に行きました。きっと、かなり良い状態になっているのだろうな、参拝者ひとりひとりを大切に思っているのだろうな、と想像しながら豊国廟の石段を上がりました。

御廟は非常に長い石段の上にありますから、例によってヒーヒーゼーゼー言いながら登っていると、秀吉さんは中門まで迎えに来てくれません。私の感覚では来てくれるはずなので、あれ？　変だな？　と思いましたが、思い違いということもあるので気にしませんでした。秀吉さんは石段の上で待っている様子です。

「はよう、上がってこい！」

「はよう、はよう」と、急《せ》かす声だけが響いてきました。

「ひ～！　秀吉さん、これが精一杯ですー。体力が衰えてまして～」と言い訳をすると、そのときに、なにかが私の背中を押してくれました。ん？　と気づくと、小さな存在が背後に何体かいます。その何体かが後ろから私を押しているのです。

え？　なに？　なんだろう？　と振り返ろうとしたら、秀吉さんが私の〝霊的な目〟を「だ～れだ？」みたいに後ろから目隠しします。そうされると見えないので、存在を確認するのはあきらめて上を目指しました。

目隠しを取った秀吉さんはシュバッとすぐに上に戻り、やっぱり姿を見せてくれません。そしてまた「はよう、はよう～」と急かすのです。石段の上の向こうでは、せかせかと右へ行ったり左へ行ったり、すごく待っている気配が伝わってきました。

なんだかうれしそうにそわそわしていて、「まだかー！」と言います。

「まだです。これ以上急いだら心臓マヒを起こします」

「じれったいのぅ～！　はよう！」

「だったら、迎えに来て下されればいいのに～。そしたら早く話せますよ。って、いま、話してますけど」

「いいから！　はよ、上がって来い」

そう言われても、これ以上速度を上げるのは無理という、体力の限界まで頑張っているのです。当然、疲れます。中門から御廟までの中間地点あたりで「ふぅ」と休憩しました。

そこから上を見ると、秀吉さんは腕まくりをした手だけを出して、ひらひらと手招きをしています。そういうところが可愛いお人なのです。そこで私は、あっ！　と重大なことに気づきました。

「秀吉さん！　ごめんなさいっ！」

「どうしたっ⁉」

「またお土産を買ってくるのを忘れましたっ！」

「そんなことはどうでもよいっ！　はよ来いっ！」

と、今度は両手を出して、2本の手で手招きをしています。下から見えているのは手だけという状態です。そのしぐさがやっぱり可愛らしくて、秀吉さんのこういうところが好きだな〜、と思いながら、やっとのことで石段を登りきって御廟の敷地に入りました。秀吉さんは五輪塔の手前に立っていました。

そのお姿が！　なんと！　衣冠束帯《いかんそくたい》の白装束だったのです！

身につけているその衣装は、神戸の湊川《みなとがわ》神社の楠木正成《くすのきまさしげ》さん神様が、神様修行中に着ていたものとまったく同じです。以前の秀吉さんは長浜城にいたころのやや質素な服を着ていましたが、着替えているのです！

「え？　えええ？　えええええーっ！　秀吉さんっ！　神様修行に入られたのですかっ！」

目をまん丸にして驚く私を見て、

「似合うか？」と秀吉さんは照れ笑いをしています。

「似合いますっ！　おめでとうございます!!　神様修行に入られたことを心よりお慶《よろこ》び申し上げます」

「うむ」

「うわぁぁ〜ん！」と、私は感極まって、ここで大号泣をしてしまいました。

照れくさそうにしている秀吉さんでしたが、とりあえず五輪塔の前まで行って、そこで正式にお祝いのご挨拶をして、大声で祝詞を奏上《そうじょう》しました。

秀吉さんは私のすぐ横に来て、

「お前のおかげだ、ありがとう」と言ってくれます。そして、なんと！　あの！　天下人だった秀吉さんが私に向かって頭を下げたのです。

「いえいえ、とんでもないです。運玉を磨くとか、秀吉さんと会話をしたとか、そんな突飛な話を読んでも、胡散臭いオバハンやなとも、怪しいやつだとも思わず、豊臣秀吉と会話をしたなんて嘘だろうと疑ったりもせず……ううう、あ、すみません、読者さんの純粋さに心を打たれて、涙が出て来るんです。それで、素直に秀吉さんを応援しようと……遠くからここまで来てくれた……優しい読者さんのおかげ……」

まだまだ言いたいことはあるのに、ドバーッと涙があふれて止められず、またここで、うわぁーん！　と声に出して泣くと、秀吉さんも袖で涙を拭っていました。

◉応援に来てくれた人々への心からの感謝

人間が持つ思いやり、人を助けてあげたいと思うあたたかい気持ち、慈愛、などは亡くなって良くない状態にいる人を救います。神様も仏様も、助けたくても助けられないというその人を、暗闇から救ってあげることができるのは、優しい方々の相手を一心に思うピュアな愛情だけなのです。

「人間って……ヒックヒック（泣くのが止まりません）、素晴らしいですね、秀吉さん。良かったですね。ズビー（鼻水も止まりません）。神仏でも救えなかった秀吉さんを、読者の方々が救ったのですね」

秀吉さんの場合、次元の隙間に落ちていたことと、変な呪縛がかかっていたので、その位置から神様修行に入るまでが大変だったのです。想像を絶する難易度の高さ、でした。そこまでレベルアップ（という言い方は微妙に違うのですが、ピッタリの言葉がないので使っています）することは、秀吉さん自身の力だけでは絶対に、本当になにをどうしても無理でした。しつこいのですが、神仏でさえも、救いたくても救えない、そのような状況だったのです。

それが、読者の方々の応援のおかげでレベルアップができたのです。神様修行に〝入る〟という、そこまでが非常に困難だったので、「私もお手伝いします」とは言ったものの「無理ではないか」とどこかで冷静に考えていました。次元の隙間から神様修行に入るのは、それくらい難しいことだったのです。

神様修行に入ってしまえば、そこからは根性とか気合とかやる気とか、自分次第である！　と秀吉さんはとても張り切っていました。秀吉さんは応援に来てくれた人々に心から感謝をしていて、「お礼をしたい」「助けてもらった恩返しを多くの人にしたい」と考えているそうです。ですから、真摯に、ものすごく努力をして、神様修行に取り組んでいます。

泣き疲れてぼんやりと、秀吉さんが着ている衣装を見ると、袴《はかま》は裾が絞ってあるタイプではなく、びろろ～んと広がっていました。さらに上着の袖口もびろろろ～んと広がっているのです。機能性に欠ける服だな、と見ていると、秀吉さんが両手を広げて私に衣装を見せながら、ポツリと言いました。

「動きにくい……」

「あっはっはー！」と、私はここで大爆笑してしまいました。

秀吉さんは小柄です。ちょこまかと動き回る、走り回るタイプのお人なのです。おっとりしずしずと歩くような人ではないので、「服がバサバサまとわりついて動きにくいわ、ンモー」と考えているところが面白かったです。

◉「黒田官兵衛が来た」!?

この日は参拝直前まで雨が降ったりやんだりのお天気で、非常に湿度が高い日でした。取材に行ったのは9月で、もちろんまだ夏ですから気温も高く、蚊がいないわけがない、という日だったのに……私は例によってなにも考えずに参拝しました。

ええ、そうです、のほほ〜んと虫除《むしよ》けスプレーもせず、半袖シャツにスネから下が丸出しのズボンで行きました。そんな格好で、蚊が大量にいる山の中に入ったのです。五輪塔の前で手を合わせているときは目をつぶっているし、蚊が寄って来ても払えないので、

「秀吉さん、お願いします！　刺されないようにして下さい」と、無理を承知でお願いをしました。お願いしつつ虫除けスプレーもせず、長袖や長いズボンを身に着けるわけでもなく、刺されて当然の格好で来ている自分が悪いのに、刺されないようにしろ、とお願いする私ってどうなん？　と思いました。

その後も秀吉さんはなんとか蚊を止めてくれていて、刺されはしなかったのですが、何匹か寄って来ます。秀吉さんが言うには、たとえば100匹のうち、95匹は抑えられても、残りの5匹はすり抜けてしまうそうです。その5匹は自分でなんとかしろ、とのことで「動け」と言われました。

で、言われた通りに五輪塔の周りをさくさく歩きながら会話をしていたのですが、

興味深い話、面白い話になると、「えええっ！」と、つい立ち止まって聞いてしまいます。立ち止まると、蚊が、ぷぉ～んと音を立てて寄って来ます。

「秀吉さん！」

「どうした？」

「残りの5匹が～、寄って来るんですぅ」

「…………」

だ～か～ら！　立ち止まるなと言ってるだろうが……と、思ったであろう秀吉さんに、「歩け！」と言われました（笑）。

わかりました～、と歩きながら会話を続けましたが、またしても「えええっ！」と驚いて立ち止まらずにはいられない発言をされました。秀吉さんが「今日は金曜日」「明日は土曜日」みたいな、軽～～～い口調で言ったのが、これです。

「官兵衛が来た」

えええーーーーっ！　と、非常に驚いた私は、立ち止まって聞き返しました。

「官兵衛って、あの黒田官兵衛さんですかっ⁉」

「うむ」

「へえー！」

でもなにしに？　どうやって？　それはなんで？　と、矢継ぎ早にお聞きすると、秀吉さんはこう説明してくれました。

私の本やブログを読んでいる読者さんが、官兵衛さんのところへ行って秀吉さんの状態を話したそうです。それを聞いた官兵衛さんが来たというのです。

神様修行に入る前だったら来ても会えなかった、神様修行に入っていたから会うことができた、と秀吉さんはにこやかに言っていました。タイミングが絶妙だったらしいです。秀吉さんは官兵衛さんと再会ができて、ものすごくうれしかったそうです。

私の手を両手に取って包むようにして、お礼を言ってくれました。でも、これも私のおかげではなく、優しい読者さんのおかげです。そのことはきちんとお伝えしてきました。

「官兵衛さんに会えて良かったですね！　ん？　あれ？　ということは……官兵衛さんは生まれ変わらずに当時のままの人物なのですね？　あの人生が面白かったからかな～」と言うと、

「官兵衛は祀られている」と秀吉さんがさらっと言います。

「神様になっておられるのですか？」

「うむ。神としてここに来た」

「へぇー！　そうなんですねー！」

それもなんだかすごい話です。私は読者さんが官兵衛さんのお墓に行って、秀吉さんのことを報告したのかと思っていました。そうではなくて神様として来たので、神様修行中の秀吉さんと会えた、ということです。存在する世界が一緒だから会えたそうなのです。ああ、なるほど、だからさっき絶妙なタイミングと言ったのか、とわかりました。

しかし……私は長く福岡に住んでいたのですが、官兵衛さんがご祭神という神社を聞いたことがありません。そんな神社が本当にあるのかな？　と疑問に思い、帰宅してから調べました。相変わらず、信心が足りないです、反省中です（泣）。

官兵衛さんが祀られている神社はたしかにありました。光雲《てるも》神社《じんじゃ》というそうです。

福岡県の公式サイトによると、

【福岡藩の藩祖・黒田官兵衛と初代藩主・黒田長政の親子を祀る神社。その名前はふたりの法名から一字ずつを取って付けられたもの。元々は福岡城内本丸天守台の下に作られた神社だが、明治4年の廃藩置県により黒田家が東京に移転した際、現在の警《け》固《ご》神社近くに移転。その後、西公園山頂へと移った】と書かれています。

藩祖がご祭神なのに聞いたことがない神社です。私が福岡に住んでいたときは全然有名ではありませんでした。もしかしたら、いまも知っている人は少ないのかもしれません。しかし、秀吉さんが「神として来た」と明言していますから、官兵衛さんは神様としてこの神社にいるようです。官兵衛さんファンの方には朗報だと思います。

◉人生の失敗や後悔は「完全に横に置け」

それから、秀吉さんが伝えてほしいと言ったことをお伝えしておきます。きっとどなたかが豊国廟で悩みを相談して、その件に関するアドバイスだろうと思います。

人生の途中で何か悪いことをしても、後悔するような失敗をしても、それは一旦、横に置いておけ、とのことです。「完全に横に置け」と重ねて言っていました。その後は良心のままに真っすぐに生きていくと、「生まれ変わった人生になる」「やり直すことになる」「人生の〝質〟が変わる」と言っていました。

一番良くないのは、許してもらえるだろうか、許してもらえないかもしれない、許してほしいなど、いつまでもしつこく思い悩むこと、後悔することだそうです。自分がいつまでもこだわってそのことを手放さないため、苦しむそうです。自分で自分を許していないことが原因らしいです。

それはそれで横に置いておいて、そこから先は顔を上げて前を向いて、あとは自分にできることをすればよい、と言っていました。過去の失敗に苦しんでいる人にとって、ありがたいアドバイスです。

◉官兵衛さんが貸してくれた眷属の卵

理由はわかりませんが、いつも秀吉さんは中門までしか送ってくれません。それより下には来ないのです。この日も一緒に中門まで歩いて、そこでお礼を言いました。

「次に来たときは、ぐ～んと神様に近くなっているといいですね」

秀吉さんはにっこりと微笑みます。自信に満ちたその笑顔からは、並々ならぬ決意がうかがえます。私もまた応援に来ようと思いました。

では……と、お別れのご挨拶をしようとして、石段を登ったときのことを思い出しました。あのときに背中を押してくれたのは、なんだったのだろう？　と。

「秀吉さんはまだ眷属を持っていらっしゃいませんよね？　修行中ですから……」するとおもちゃを手にした子どものように目をキラキラ輝かせながら、こう言うのです。

「官兵衛が貸してくれた」

「え？」

聞けば、官兵衛さんがまだ眷属になる前の存在……眷属の卵というか、子どもというか、完全に成長していない眷属を貸してくれたと言うのです。「よかったらどうぞお使い下さい」と。秀吉さんが神様になるまで貸してくれるらしいです。

へぇー！　それって面白い！　と思いました。眷属は貸し借りができるというわけです！

秀吉さんは中門までしか下りてきませんが、眷属の卵たちは石段の一番下まで下りることができます。その姿は小さな丸い光の玉です。完全な姿を持つ前のエネルギー体とでも言いましょうか、そのような状態です。この存在だったら修行中の秀吉さんでも動かせるからだと思います。

◉柏手や祝詞は大きなサポートになる

秀吉さんが神様修行に入られたのなら、これからは応援はいらないのでしょうか？と思われた方がいらっしゃるかもしれませんが、これからも応援の参拝に行くことは秀吉さんの大きなサポートになります。楠木正成さんのときのように、神様修行をパワーアップして差し上げることができます（詳しくは『神様、福運を招くコツはありますか？』に書いています）。願掛けをすることも神様修行のお手伝いになりますから、こちらも遠慮はいりません。

秀吉さんが言うには、来てくれれば大変ありがたいが、それ以上に自分が努力をする、とのことです。参拝してくれた人々の期待を裏切らないように一生懸命に頑張るそうです。

ひとり参拝者が来ると「頑張ろう」と思う、またひとり来ると、もっと「頑張ろう」と思う、さらにもうひとり来たら、またまた「頑張ろう」と強く思うそうで、多くの人が来てくれるおかげで、常に熱い思いを保てる状態だと言っていました。いつも前向きな気持ちが満タンで、それはありがたいことだそうです。

神様修行に入った秀吉さんが言うには、柏手《かしわで》を打ってもらうのはとても気持ちがいいそうです。祝詞を唱える、もしくはお話をする前と、祝詞やお話が終わったあとに、柏手を打つと喜んでもらえます。スカッとするそうです。祝詞は秀吉さんの神様修行の小さなお手伝いにもなります。秀吉さんをサポートすることになりますから、これから行かれる方は是非祝詞を唱えて差し上げて下さい。

◉豊国廟でも豊国神社でも秀吉さんに会える

豊国廟を最初に訪れたとき、場の「気」がすごく暗かったことを覚えています。明るさがなく、秀吉さんは狭い場所にいて、感情がないというか、投げやりというか、機嫌が良くなかったです。気力がない状態でした。

たぶん、「どうにもならぬ」とあきらめていたのだと思います。

それがいまは廟の「気」も明るく、秀吉さんの周囲も広々としていて自由だし、秀吉さん自身も大きくなって光り輝いています。陰気だった雰囲気はまったくありません。ニコニコしていて陽気で楽しく冗談も言います。秀吉さんの良いところだけが残っているのです。

楠木正成さんは優しい神様になっておられます。秀吉さんは面白い神様になりそうだな〜、と思います。応援をしてくれた人々のために、本気で根性を出して修行をすると言っていましたから、神様になるのもそう遠い未来ではないかもしれません。

修行中ということですから、豊国神社のほうにいるようですが、豊国廟に参拝者が来ればこちらに飛んで来てくれます。応援は秀吉さんの修行のお手伝いをするだけでなく、秀吉さんの心のささえにもなっています。私たち人間が神仏に対してしてあげられることのひとつが「応援」なのです。

秀吉さんの神様修行は始まったばかりですから、先は長いです。応援はいますぐでなくても大丈夫ですから、京都に行くことがあれば、そして時間に余裕があれば、ちょっと寄って差し上げると喜んでもらえます。豊国廟ではなく、豊国神社のほうでもオーケーです。

おわりに

私が訪問介護のサービスに伺っている利用者さんに90代半ばの女性の方がいます。仮にカズコさんとしておきます。カズコさんは足腰が弱っているので、外出は月に1回の通院だけで、それもヘルパーと一緒に行きます。いつもは家の中でテレビを見るか、自分ができる範囲でゆっくり家事をして過ごされています。たまにテレビもつけず、ボーッと窓の外を見ているときもあります。

私が行ったときはいつも普通なのですが、ほかのヘルパーの報告によると、すべてにおいて無気力な日があるらしく、精神的な波があるとされている方です。

時々、「うち、いつまで生きるんやろな?」と言い、「いろいろ考えたらしんどなってくるで。ふぅー」と、ため息をついたりもします。

「長生きもつらいでぇ」と言うので、

「カズコさん、100歳まで頑張って生きて、記念品をもらってくださいね」と言ってみたところ、

「嫌や」と即座に答えが返ってきました。

「記念品なんかもろてどないすんねん」

「どんなものがもらえたのか、私にも見せてくださいね。100歳ですからね、すごいものがもらえるんじゃないですか？」

「そんならアンタが100歳まで生きて、もろたらええやんか」

「えー、だって、その記念品がしょーもないものだったら嫌ですやん。先に確認しとかないと」

「ほんならアンタ、ええもんやったら100歳まで生きて、しょーもないもんやったら100歳まで生きひんのか？」

「はい。カズコさんはあとちょっとですから、頑張ってくださいね。で、その記念品を見て、私、100歳まで頑張るかどうか決めます」

「アンタなぁ〜」と言いながら、カズコさんは大笑いしています。

「その記念品がしょーもないもんやったら、100まで頑張ったうちはどないなるねん？」

「そのときはふたりで、楽しみにしてたのに、しょーもないもんやったなー、あははは、って笑えばいいじゃないですか」

「なんやそれ、うちだけえらい損やんか〜」と、カズコさんはゲラゲラ笑いながらも、長生きすることには消極的な発言をしていました。

そんなある日のことです。朝の9時に伺うと、カズコさんはまだお布団の中にいました。寒気がして、頭が痛い、と言うのです。

慌てて熱を測ると平熱で、血圧も安定しています。しゃべり方もしっかりしているし、手や足に痺れもないと言うし、救急車を呼ぶ状態ではなかったので事務所に連絡を入れました。

事務所の指示は、風邪かもしれない、午後のサービスでもう一回様子を見て病院に連れて行くかどうか判断するから、いまは通常のサービスをするように、とのことでした。

カズコさんに朝ご飯を食べたのか聞くと、食欲がなくて食べられないと言います。前の晩も食事をしていないと言うので、おかゆだったら少しは食べられるかと聞くと、多分食べられない、と弱々しく答えます。寒くてしんどくて頭が痛くて食欲がない、と元気がありません。

それでもなにか口にしてもらわないと……と思った私はゆるいおかゆを作って、少し冷ましてからベッドまで持って行きました。

カズコさんはベッドの上に座って丸まっています。どういう姿勢かと言いますと、ベッドの頭の方向を向いて正座をし、そのまま前傾して体を90度近く倒しているのです。猫背になった背中の上にはカマクラのようにお布団を掛けています。

「おかゆ作ってくれたん？　ほんならここ置いて」と指定した〝ココ〟は、丸まっているカズコさんの頭の近く、枕の手前です。

そんなところに置いて、万が一ひっくり返したらお布団が濡れてしまう、と思った私は、

「カズコさん、ベッドに腰掛けましょうか？」と言ってみました。しかしカズコさんは、しんどくてベッドの端まで動けないと言うのです。

仕方がないので、器をマットレスの上に置きましたが、そこまでしんどいのなら食べるのは無理だろうと思いました。しかもその姿勢だし、とも思いました。

カズコさんは力なくスプーンでひと口ふた口おもゆを飲み、そこでポツリと小声で言いました。

「食べへんかったら死んでまうな……」

「そうですね……」

と、私が返答すると、カズコさんはそこから必死に食べ始めました。少し不自由な手で、おかゆをスプーンですくって一生懸命口に運びます。高齢に加えて体調も良くないので、うまく口に入らずにスプーンがほっぺに付いたりします。持っているスプーンが傾いて、載せているおかゆがボトボトと器に落ちたりもします。それでもガツガツと一心不乱に食べていました。

その姿勢では苦しいだろうに……と思いましたが、鬼気迫るという雰囲気で食べていたので黙って見守りました。食べなきゃ死んでしまう！　という思いが強く伝わってきます。

子どもの頃、近所の子が病気や井戸に落ちるなどの事故でよく死んでいたという話を、カズコさんから何回も聞かされています。戦争中の空襲で近所の人が亡くなったという話も聞いています。人間は簡単に死ぬ、すぐに死んでしまう、という認識がカズコさんの中にあるのだと思います。

必死におかゆを口に運ぶカズコさんのその姿を見ていて思いました。

ああ、生きるとはこういうことなのだ、と。

戦後の食糧難も、こうしてカズコさんはなんでも一生懸命に食べて生き延びてこられたのだと思います。人間は食べなければ死ぬのですから、たったひとつの〝大事な命を守るために〟食欲があろうとなかろうと、おいしいもまずいもなく、必死に食べるわけです。

その姿をじっと見ていたら涙があふれて止まらなくなりました。

命は天からいただいたもので、粗末にしていいわけがありません。与えてもらった命は大事にする、最後のその日のそのときが来るまで精いっぱい生きる努力をする、それが生物として正しい生き方なのだと思いました。

食べなかったら死ぬのであれば、食べるのです。もしも動かなかったら死ぬとなると、カズコさんはどんなにしんどくても動くと思います。命を守るために、です。90代半ばですが、なんとしてでも生きる！　という強い意志をいまだに持ち続けていることに感動しました。

カズコさんを見ていて、私はなにか……大切なことを忘れていないか……と思いました。

第5章でご紹介した大阿闍梨・酒井雄哉さんはこう言われています。

人生というのは、すべて「生きる行」だからね。行者のようなかっこうをして難しいお経を読んだり、滝へ入ったりするようなことだけが修行じゃなくて、毎朝会社に行って働くことも、家業の商売をすることも、何だって行なんだよ。

修行とは、「行うことを修めていく」ことだからね。

『続・一日一生』(朝日新聞出版)

一生懸命生きる、それがすでに行であるというのはとても納得がいきます。「つらいことがあるから人生は修行なのだ」ではなく、「日々精いっぱい生きる」そのこと自体がすでに行だと酒井さんはおっしゃっているわけです。

カズコさんの人生を見ても、若くして結婚し、意地悪な姑に仕え、戦争で悲惨な体験をし、子どもをたくさん育て、働いて、さらに働いて、早世した子どもや夫を見送り、90年以上、そうやって一生懸命生きてきています。それらの日々、その軌跡はたしかに行であると思います。

多分、カズコさんは今生を終えるとき、わずかな後悔も未練もなく、やり遂げた満足感を持ってあちらの世界に帰って行くのではないでしょうか。

死後の世界は、亡くなって四十九日が済んで成仏すると、自分が元いた暖かい穏やかな心地よい場所に戻って行きます。

そこに戻ると、先に亡くなった祖父母や親、兄弟、夫や妻（子どもという人もいるかもしれません）、仲が良かった友人など、大好きだった人たちが迎えてくれます。

みんなが口々に、

「お帰り」

「お疲れ様」

「よく頑張ったね」

と、とびきりの笑顔で肩を叩き、抱きしめ、褒めてくれます。もちろんお話もたくさんできます。今回の人生で一緒に転生しなかったソウルメイトたちにも会えます。

このソウルメイトとの再会が、喜びで号泣するくらいうれしいのです。自分が地上に行っていたあいだ、離れていてなんとなく寂しかったという気持ちが、ここで一気に満たされます。

「ずっとこちらから応援していたよ」

「頑張って人生をやり遂げたね、おめでとう」

と、ソウルメイトたちも全員が輝く笑顔で囲んでくれます。至福のときです。

その後、守護霊とも会えますし、会話もできます。そういう楽しくて仕方がない時間が、あちらの世界に帰ったときには待っているのです。

古代から人はそれを「天国」と呼びます。

そこに戻るためには、迷わずにちゃんと成仏しなければなりません。憎しみや恨み、妬みなどを持っていると、急に亡くなった場合、その念に引きずられてさまようことになってしまいます。そういう低い波動の念は常日頃から持たないようにしておきます。

悪いことばかりやって霊格を落としてしまえば、元いた場所に戻れなくなるので、霊格も落とさないよう生きなければなりません。霊格を落としそうになると絶対神が矯正してくれることが、いかにありがたいかがここでおわかりになると思います。

天国に帰還するには、やさぐれずに困難を乗り越えたり、ちょっと良くない方向へ傾きかけた心の持ち方を見直したり、といろいろな努力が必要になってきます。

でもその基本中の基本は、与えてもらった命を最後の瞬間まで大切にし、日々コツコツと頑張って生きることだと思います。

コツコツと頑張って生きるのがつらいなぁ、というときは神社仏閣に行って、神様仏様にサポートしてもらうといいです。そこでは思い切りグチを言ってもいいです。神様仏様の前で泣いてもいいです。当たり散らしても神仏は怒ったりしません。すべて受け止めてくださいます。

すべてを吐き出して心の傷を癒してもらったら、明日からまたコツコツと霊格を落とさずに、日々生きていけばいいのです。

そして皆さん、ここだけの話ですが……死ぬときに魂が空間を移動できるのは、どなたも知っていると思います。自分の死を知らせに、親しい人のところに行ったりしますね、あれです。

さらにですね、霊格がぐーんと上がると、空間だけでなく、時間も移動できるらしいのです。

ということは、死ぬときに過去のどこかへタイムワープができるわけです。

私は、キリストを見に行くか、平安時代の宮中を見に行くか、弥生時代の集落に行くか、空海さんや最澄さんを見に行くか、悩み中です。実物の秀吉さんや織田信長も見たいなぁと思います。

死んだときに時間を超えた移動を絶対にしたい！　と思うので、なにがなんでも霊格を上げねば、と思っています。寿命までに間に合うかな～、という不安はありますが、楽しいチャレンジです。

人生なんてあっという間です。

生きることを精いっぱい頑張りました、と堂々とあちらの世界に帰って言えるよう、日々を過ごしていくことが大切かと思います。

桜井識子

文庫版　おわりに

このお話はブログで公開したものです。

インターネットを使う環境にいない方や、ブログは読んでいないという方にも、ぜひお伝えしたい、私の取材先での体験です。

神様のあたたかくて深い愛情が心にしみる……そんな素敵なお話でこの本を終わりたいと思います。

私がその神社を訪れたのは、夕方に近い時間でした。冬でしたし、お天気が良くなかったので気温が低く、「ぎゃー、さっぶぅー！」と言わずにはいられない冷え込みようでした。ブルブル震えながらの参拝となりました。

シーズン中はにぎわっていると思われる神社ですが、季節とお天気と時間帯のせいで閑散としており、参拝客は私を含めて、たった2人でした。私が拝殿に到着したとき、すでにおじさんは合掌をして、神様にお話をしていました。

手を合わせ、頭を少し下げて、一心にお祈りしているかのような、そんな姿でした。

邪魔しちゃ悪いな〜、と思った私は、先に写真を撮ったり、拝殿裏の本殿のそばに行ってみたりしました。時々、拝殿の前まで戻ってみるのですが、おじさんはずっとお祈りをしています。

そこで今度は、境内社を一社一社見てまわり、15分くらい時間をつぶしましたが、おじさんはまだ拝んでいました。おじさんには申し訳ないけれど、とりあえず拝殿前で正式なご挨拶だけさせてもらおう……と思った私は、おじさんの横に立って（おじさんは端っこに立っていました）、そっと祝詞だけを唱えました。

それから、参道である石段を下りました。石段を下りつつ、振り返って見ると、おじさんは同じポーズでずっと拝んだままです。時折、強風がびゅうぅぅー！と吹いて、「ひぃ〜！さっぴー！」という言葉が、意図せずに口から出てしまう……手もキンキンに冷えて、かじかんで動かない、という寒さです。私は神様の前だというのに我慢できなくて、ポケットに手を入れていました。

おじさんはそんな寒さの中で、手袋もせず、素手で合掌をしているのです。冷えきってしまって、手がもう動かないのでは？と思いました。というか、おじさん、立ったまま気を失ってない？大丈夫？と心配になったくらいです。

石段を下りつつ参道の様子を写真に撮り、脇道（山道です）からも拝殿に行けるのでその写真も撮り、脇道で神様と15分くらいお話をしてから、参道の入口まで戻りました。

入口からは神社の駐車場が見えます。ちょうどそのとき、1台の車が出て行きました。駐車場に残っているのは私のレンタカーだけです。「あ、おじさん、お話が終わったんだ〜」と思った私は、「境内には誰もいないだろうから、もう1回上がって、拝殿の写真をしっかり撮ろう」と石段を上がって行きました。

拝殿が見える場所まで上がって、驚きました！　おじさんが、まだいたのです！　しかも！　まだ拝んでいます。同じ姿勢のままで、です！

えーっ!?　と本当に驚きました。私がこの神社に到着してから、確実に45分は経っています（もっと、かもしれません）。私が来たときにおじさんはすでに拝んでいましたから、1時間近く、ずっと何事か、神様にお話をしているのです。寒風吹きすさぶ中、手はかじかんで感覚がないと思われるのに、一心不乱に神様にお願いをしているのでした。

足音をさせるのも申し訳なくてできない、と思った私はそのまま、そ〜っと石段の途中で引き返しました。石段を下りながら、「おじさん、そのお願い事、叶うといいですね」と思いました。

あれだけ真剣にお願いをしているのです。心の底からそう思いました。

おじさんは、心底神様を信じているからこそ、手がかじかんでも、強風がビュービュー吹いてこごえるくらい寒くても、微動だにせず合掌をしているのです。

ここの神様は超古代の服装をした男性の神様ですが、ものすごいご神気を放っていて、しかも大きい神様なので力も強いです。少しくらい難しい願掛けをしても、十分叶えられるはずです。

「神様！　どうか、おじさんの願いを叶えてあげて下さい！」

と、神様に強く訴えました。すると、神様はとても穏やかな口調で教えてくれます。おじさんの奥さんは末期ガンなのだそうです。「妻の命を助けて下さい」と、おじさんは祈願をしている、ということでした。

そうだったんだ……と、おじさんの願掛けが難しいものであることを知りましたが、でも神様だったらガンは消せるはずです。それを言おうとしたら……、

「天寿である」

と、神様に言われました。奥さんがガンで亡くなるのは寿命である、動かせない、ということです。どんなに一生懸命に、おじさんに祈られても、神様がなんとかしてあげたくても、手出しができないことだったのです。

ああ、そうか、仕方がないことなんだ……。そう思うと、おじさんが一生懸命に祈っている姿が思い出され、なんとも言えない気持ちになりました。切なくて、重苦しい気持ちでいっぱいになりました。そこで、神様に聞いてみました。

「神様？　手を出せないってことは、おじさんの、あの祈りはどうなるのでしょう？無駄ってことでしょうか……」

するとと神様は、とてもあたたかく、愛情に満ちた口調でこう言いました。

「その分（願いを叶えてやれない分）、この男性のことはワシが精いっぱい、守る。男性が死ぬそのときまで……しっかりと守ってやる」

奥さんが亡くなったときに、おじさんの心が壊れたりしないように、あとを追ったりしないように、神様が抱きしめるようにしておじさんを守るのだそうです。

神様は、おじさんの信仰心が厚く、ピュアであることを知っています。ですから、おじさんのことはとても可愛く、大切に思っているそうです。でも、奥さんのことは天寿ですから、命を長らえるというお願いは叶えてやれない、とのことでした。

そう言っている神様もつらそうでした。おじさんには、好きなだけ祈らせてあげているそうです。本人の気がすむまでさせているのは、本人があとで後悔をしないように、という神様の思いやりだったのです。

神様は……私が考える以上に、深く深くおじさんのことを思っていたのでした。神様の愛情はなんて大きく美しいのだろう、と思うと、涙がポロポロと出て止まらず、泣きながら参道を歩きました。

おじさんは、奥さんが亡くなったときに神様を恨むかもしれません。奥さんを助けてくれなかった神様に不信感を持つかもしれませんし、「神様なんかいない！」と信仰を捨てるかもしれません。神様は大きな愛で包んでいますが、目の前でつらいことがあると、そう思うのは当然です。

おじさんには届かないと知りつつ、私は心の中で、

「おじさん、おじさんが信じている神様は、決しておじさんを裏切ったりしないですよ」

と、声をかけずにはいられませんでした。神様のことを真摯に深く信仰する人のこ

とを、神様はとても大切に思い、あたたかい慈愛で包んでくれている……そしてその信仰は絶対に裏切られることはない、と教えてもらえた冬のある日の出来事でした。

桜井識子

この作品は二〇一五年九月東邦出版より刊行されたものに
加筆・修正をしたものです。第6章は書き下ろしです。

幻冬舎文庫

●最新刊
空気を読んではいけない
青木真也

中学の柔道部では補欠だった著者が、日本を代表する格闘家になれた理由とは——。「感覚の違う人は〝縁切り〟する」など、強烈な人生哲学を収録。自分なりの幸せを摑みとりたい人、必読の書。

●最新刊
スマイル アンド ゴー！
五十嵐貴久

震災の爪痕も生々しい気仙沼で即席のアイドルグループが結成された。変わりたい、笑いたい、その思いでがむしゃらに突き進むメンバーたちを待ち受けたのは……。実話をもとにした感涙長篇。

●最新刊
救急病院
石原慎太郎

生死を決めるのは天の意思か、ドクターの情熱か——。首都圏随一の規模を誇る「中央救急病院」を舞台に、救急救命の最前線で繰り広げられる熱き人間ドラマを描く感動作。衝撃のラスト！

●最新刊
宝の地図をみつけたら
大崎　梢

地図を片手に夢中になった「金塊が眠る幻の村」探しを九年ぶりに再開した晶良と伯斗。しかしその直後、伯斗の消息が途絶えてしまう。代わりに〝お宝〟を狙うヤバイ連中が次々に現れて……!?

●最新刊
ツバサの脱税調査日記
大村大次郎

少女のような風貌ながら、したたかさと非情な観察眼を持つ税務調査官・岸本翼。脱税を巧みに指南する税理士・香野に出会い、調子が狂い始める。元国税調査官が描く、お金エンタメ小説。

運玉《うんだま》

誰《だれ》も持《も》つ幸運《こううん》の素《もと》

桜井識子《さくらいしきこ》

平成31年4月10日　初版発行
令和3年11月20日　3版発行

発行人――石原正康
編集人――高部真人
発行所――株式会社幻冬舎
〒151-0051東京都渋谷区千駄ヶ谷4-9-7
電話　03(5411)6222(営業)
03(5411)6211(編集)
振替00120-8-767643

印刷・製本―中央精版印刷株式会社
装丁者――高橋雅之

幻冬舎文庫

ISBN978-4-344-42856-0　C0195　さ-44-1

幻冬舎ホームページアドレス　https://www.gentosha.co.jp/
この本に関するご意見・ご感想をメールでお寄せいただく場合は、
comment@gentosha.co.jpまで。